自然元素魔法系列2

AIR MAGIC

ELEMENTS OF WITCHCRAFT BOOK 2

風系魔法

關於智慧、溝通、
改變的魔法

艾絲翠・泰勒 Astrea Taylor 著　　非語 譯

獻給提姆（Tim），
他的愛、機智、創造力
使我每一天靈思泉湧

各方推薦

「由於風元素對我們的日常生活至關重要，因此《風系魔法》既廣泛又詳細也就不足為奇了。艾絲翠．泰勒（以及安插得恰到好處的幾篇短文所表達的其他意見）提供容易理解的智慧和個人的知曉，同時分享儀式，幫助我深化我與風元素的關係。從神話到神明，再到生物和守護者（以及許多其他信息），這本書提供了擴展遼闊的禮物，深入探究我們看不見但卻深知的事物。」

——伊莉桑雅．穆恩（Irisanya Moon）

《回收巫術》（*Reclaiming Witchcraft*）與

《阿芙蘿黛蒂：愛與啟蒙的女神》（*Aphrodite: Goddess of Love & Initiation*）作者

「《風系魔法》是一趟煥然一新的探索，探究始終與我們同在的風元素。或許艾絲翠運用她自己的某種風系魔法，精心製作了一本既明確又簡潔的書籍，引領讀者穿越歷史、個人經驗、實務做法，為有興趣與風元素的力量連結的人們提供一份絕佳的概述。」

——辛蒂・布蘭寧（Cyndi Brannen）

《拿好她的鑰匙》（*Keeping Her Keys*）與

《進入赫卡特的花園》（*Entering Hekate's Garden*）作者

「《風系魔法》完成了將生命氣息吹入風系魔法的出色任務。風是創造與顯化、旅行與轉化的元素，它在我們周圍，也在我們裡面。關於這個生死攸關的元素，艾絲翠・泰勒為我們帶來我們需要知道的每一樣東西，以及許許多多的其他信息。」

——莉莉絲・朵西（Lilith Dorsey）

《水系魔法》（*Water Magic*）與

《奧里莎、女神、巫毒女王》（*Orishas, Goddesses, Voodoo Queens*）作者

目錄

第3部　風系魔法的應用與儀式

村子裡的女巫自己種植草本，自製護身符，透過嚴守代代相傳的方法完善了「女巫的技藝」（Witches' Craft）。教授「巫術」（Witchcraft）的藝術包括「聽風辨音」，這反映出這則教導：「靈」（spirit）將古老的方法傳遞給他們認為值得的人們。

——雷文．格里馬西（Raven Grimassi）

魔法工作的基石

好幾世紀以來，透過許多祕傳的實務做法，元素們一直是魔法工作的基石。無論是占星學或現代巫術，這四大元素都在更廣大的多維靈性架構範圍內創造出邊界和結構。它們強調概念，使概念變得更加淺顯易懂。

確切地說，「土」（earth）是我們行走其上的地面，它是岩石、泥漿、山脈。「土」也是我們的身體以及今生的物質顯化，它是我們的中心和我們的穩定。

「火」（fire）是壁爐裡的火焰，它是蠟燭、營火、太陽。「火」既可以溫暖，也可以毀滅。它有力量轉化和煽動，它的火焰是我們的熱情和我們繼續前進的意志。

「水」（water）是來自天空的雨，它是人世間的海洋和湖泊、令人欣慰的沐浴、早晨的露水。「水」是我們的血液和汗水，以及我們的記憶，它統治我們的情緒，顯化成為眼淚。

「風」（air）在我們周圍，它是我們的呼吸、我們聽見的聲音、觸碰我們臉龐的風。「風」攜帶種子和花粉、警告人的氣味和令人愉悅的氣味、文化的歌謠。「風」是我們的聲音、我們的念頭、我們的點子。

雖然每一種祕傳系統以不同的方式應用這些基本概念，但四大元素都在幫忙建構實務做法，逐漸產生對自我的更加理解。對現代女巫來說，四大元素往往表現在她們的魔法工具中；舉例來說，高腳酒杯可能是水，五角星形可能是土。對信仰巫術的威卡派（Wicca）教徒來說，比較具體的是，四大元素幫忙升起魔法圈，讓保護區得到力量的加持。在塔羅牌中，四大元素流經數字牌的象徵性意象；而在占星學中，每一個元素由三個星座代表。對其他人來說，四大元素為每天的靜心、觀想、法術施作或生命功課，提供靈性指引。有人可能會問道：「我需要什麼元素才能度過今天呢？」

本書是一套特殊書系的第二本，這套書系深入探討元素的象徵意義和魔法效用。每一本聚焦在一個元素，涵蓋與該元素相關聯的每一樣東西，從靈性聖域和神明，到實用的法術和儀式。對於想要將自己包裹在元素實務做法中的女巫來說，或是對於需要每一種元素資源的某人而言，本書和同一書系的姊妹作品，將會提供你需要的每一樣東西。「巫術的元素」（Elements of Witchcraft）書系中的每一本著作，是由來自全球的四位不同作者所撰寫，這顯示，領略深奧莫測的四大元素涉及多麼的廣泛和深入，以及該如何讓那個概念為你自己的魔法和靈性需求運作。

加入我們，一起深入探索四大元素的魔法效用吧。

——海瑟・葛林（Heather Greene）

水、風、火、土四大元素魔法系列主編

飛行

風系魔法的重點是超越。
超越人類雙腳不著地的是什麼？
超越飛行的是什麼？
飛行，
是超越任何事物，
是超越認為人類有本領的任何人。
我們沒有雙翼。
我們跳不了多高。
我們是地面動物。
然而，
因為藝術家、夢想家、女巫

生性好奇，
他們認為：
如果一個人類可以飛行，
「怎麼辦呢？」
攀爬，
爬到盡可能遠離地球的地函（mantle，譯註：又稱「地幔」，位於地殼之下，地核之上）
等於是飛行——
等於是完善魔法。

——像素女巫

編按：「像素女巫」（Pixel Witch）是製作人、變裝皇后、空中飛人、舞者。當她不在世界各地表演的時候，就是在紐約市的「是的房子」（House of Yes）演出。

作者序

神聖的風元素能量

你是否曾經在戶外散步而一陣涼風掀起你周遭的所有樹葉？或許那風愛撫著你的肌膚，逗弄著你的頭髮或衣服。你可能已經感覺到它觸動你的「靈」，促進你內在歡騰的感覺。你甚至可能感覺到，你有可能乘風飛起。

假使你曾經夢見過魔法飛行，那麼你對它有一定的熟悉度。那幾乎就像飛行是我們天生擁有的能力，我們只是必須憶起如何飛行。在我們的夢境中飛行，遠在地球上方，擺脫煩惱，它可以感覺起來十分威力強大。它是一種神祕、崇高的感覺，而且它是完美的類比魔法的風元素給人的感覺。

自古以來，人們一直研究風元素。幾千年來，人們得出結論，風元素（air）是四種基本的能量狀態之一，與土、水、火一起。風元素與心智、思考、呼吸、靈感、想像力有關聯，它也與溝通、旅行、改變、提升、靈、擴展相連結。這本書探討所有這些風元素的特質，也揭示現代女巫該如何在她們的技藝中運用風元素的力量。

身為研究風系魔法多年的人，我感覺得到召喚，要撰寫這本書。我研究過幾種類型的呼吸工作，包括靜心和瑜伽。這些練習揭示了「靈」（spirit）、呼吸（breath）、心智（mind）之間的直接連結。同樣地，從我的大學射箭課，我知道，談到導引能量時，一個人的呼吸造就極大的不同。長久而緩慢的呼吸使心智穩定，讓箭更頻繁地射中目標。身為環境科學家，風元素的科學性質算是我的專長。我研究過天氣、暴風雨、氣候、不斷變化的大氣。我對風系的生物也很熟悉，而且我研究過蝙蝠、鳥類、蝴蝶。我也直接體驗過「靈」、星體投射（astral projection）、天氣巫術。最重要的是，我的本命星盤在所有三個風象星座中都有幾顆行星。

在我的研究中，談到風元素，我制定了三種不同的方式：個人的、物理的、魔法的，每一種狀態都具體化現「風」的幾種獨特品質。

個人的風元素：呼吸、心智、溝通

呼吸使我們與風元素建立起非常個人的連結。肺部空氣的不斷流動，使我們時時刻刻與風元素連結，這非常重要。我們每天的呼吸次數介於一萬七千次到兩萬三千次之間，這比任何其他活動更為頻繁。❶花點時間深深吸氣，現在就與你的肺臟裡的目前情況連結。如果你甚至開始放慢呼吸，很有可能你會開始放輕鬆。話說回來，如果你開始快速地呼吸，你可能會變得更加警覺而專注。呼吸控制我們的心態，它可以被用來促進出神狀態和靈性工作。

風元素也與我們的心智相關。我們每天使用自己的頭腦，無論是以批判性思考、想像、組織、發明、規劃、學習，還是以心智的無數種其他功能中的任何一種。活躍的心智，往往被鏈接到「一旋風的點子」（a whirlwind of ideas）、「集思廣益激發創造力」（**brainstorms of creativity**）、「如霹靂般出現的靈感」（**thunderbolts of inspiration**）。

溝通是風元素的另一個個人面向。每當我們寫下、說出或演唱心中的話的時候，我們都是在表達自己的思想。這個行為從我們的內在世界轉化它們，將它們誕生在外在世界，創造新的可能性。

註❶：安・布朗（Ann Brown），「你一天呼吸多少下？」（How Many Breaths Do You Take Each Day?）EPA部落格（The EPA Blog），出版時間：二〇一四年四月二十四日，存取時間：二〇一九年七月三日，https://blog.epa.gov/2014/04/28/how-many-breaths-do-you-take-each-day。

物理的風元素：擴展、旅行、改變

科學揭示了我們周圍無形的風元素世界的許多祕密，包括風元素（譯註：風元素的英文air，其實就是「空氣」）的物理性質，即擴展、旅行、運輸、改變。空氣是由幾種不同的氣體組成，這些氣體天生就喜歡盡可能地擴展和旅行。空氣分子不斷地運動，通常比固體或液體的運動速度快許多。這種運動和旅行，讓它們接觸到幾種不同類型的其他分子，而且當條件適當時，它們就改變。

風元素自然而然地運輸各種東西。舉例來說，彈撥豎琴琴弦的聲波和燒香的香氣，可以輕易地透過空氣傳導。風（wind），也就是活躍的空氣，甚至移動粒子——在風的方式中，這是顯而易見的：風不著痕跡地將山脈切割開，將空氣中的灰塵隨著風吹到其他地方。風還攜帶著溫暖、電力、濕氣，當能量不同的空氣鋒面（air fronts）發生碰撞時，它們便以閃電、雷鳴、降雨的形式釋放這股能量。

風元素不斷地改變著。風元素的不同成分和分子，不斷地被釋放、固定或改變成為其他東西。你此時正在呼吸的空氣，可能曾經是某棵蘆薈植物、某塊珊瑚礁、某隻緋紅金剛鸚鵡、維多利亞湖中的一滴水，或某座焦油坑的一部分。

魔法的風元素：創造、顯化、靈、神明

魔法的風元素時時刻刻圍繞著我們。我們沉浸其中。你可以把它想成一個無形的世界，充滿能量、靈、神明。你也可以把它想成是它自己的能量層面或界域。我們的思想和言語，正在不斷地與這個界域交流。魔法的風元素接收到我們的思想、腦波、心靈溝通——它將它們轉變成為能量，向外傳送到這個世界中，這就是顯化魔法工作的方法。

每當我們進入出神（trance）狀態的時候，我們的心智和靈就轉變成為魔法的風元素的頻率，這使我們能夠與居住在那裡的靈和神明溝通。當我們在進行星體投射的時候，風元素的魔法界域也就是我們的靈旅行的地方。

集合風元素的各個面向

我們時常同時體驗到風元素的所有三個面向，這是「靈」居留在身體內的方式，也是植物和岩石擁有風元素能量的方式。風元素的魔法界域連結物質層面與更高的靈性層面。這一切環環相扣——我們的呼吸速率改變我們的心態，從而產生我們的想法，於是

幫助我們選擇言語。當這些言語被表達出來時，它們將能量向外傳送，回到風元素的魔法界域，在那裡，風元素四處旅行，最終吸引同樣的能量回到我們身上。

風元素能量自然流動，能量不斷地進進出出。這可以被視為能量被接收和傳送，無論是透過呼吸、心念、溝通、聆聽，還是「靈」給出和接收能量。

與風元素一起運作的時候，請運用風元素的任何面向和特徵，啟發你真正地在所有三個層次感覺到風元素。感覺到你周圍的空氣、你的思想、居住在其中的靈。要好好運用你的呼吸、五感、靈。要召喚移動你內在的風元素、啟發你感覺到如羽毛般輕盈的不管什麼東西。

慢慢往上飛，遠離地面

當你準備好要升起進入魔法的風元素，並了解更多信息的時候，請做一次深呼吸。仔細考慮重新開始以及你可以四處搜集的所有信息和智慧。詳細地想像你的所有意圖正在成為事實，當你準備就緒的時候，請啟動新開始的風元素能量，然後再翻頁。

第1部

風系魔法的神話與歷史

在空氣清新的高山上，
在長滿燈芯草的幽谷裡，
我們不去那兒打獵，
因為害怕小矮人。

——威廉・阿靈漢姆（William Allingham），〈小仙子〉（*The Fairies*）

1

貫穿古今和所有文化的風

空氣、思想、呼吸，全都是與「靈」息息相關的強大概念。在考古學、詞源學、藝術、敬神、神話學之中都有這方面的證據。風元素的幾個主題貫穿整個歷史，但是或許在所有這些之中，最能說明問題的是，隨著時間的推移，人類的心智和「靈」的發展結果。人類的心智是由思想的到來形塑的，思想的到來最終帶來了知識，有時候是智慧。人類的「靈」的道路，不僅與心智的道路相似，也與對其他「靈」的看法相似。

讓我們回到過去，透過心智和「靈」觀看人類在整個風元素範疇內的歷史。透過這方面歷史的發展、挑戰、勝利，風元素的力量穿透過來。雖然本章並沒有涵蓋心智和「靈」的完整歷史（而且本書很可能沒有一章可以做到這點），但是收錄了最重要的西方趨勢，以及部分的世界歷史。

史前的心智狀態：萬物有靈論

在石器時代（Stone Age）人類意識開始出現的時候，萬物有靈的心態可能很盛行。萬物有靈論（animism）這個詞來自拉丁字*animas*，可以翻譯成呼吸、心智、靈魂的哲學。這是相信和內在的知曉，明白：一切事物都是活著的，有「靈」和它自己的智能。它是一種密切連結的世界觀。因為這種魔法的心態可能發生了幾千年，它被認為已經為人類的潛意識設定了基調。

新石器時期（Neolithic era）標記了一次改變，當時，思想變得比較盛行。在這個勇敢的新時代，人們開始構思未來，而且開始規劃未來。這個時代看見了革新的出現，例如，農業、馴養動物、建造永久的住家。發明的出現是為了解決常見的問題，而這個時期也有了比較成熟的靈性面向。萬物有靈論的心態略有修改，因為人們將自然界看作是他們可以用頭腦解決的另一個問題。神明誕生了——不再將風（wind）視為一種神祕、活生生的力道，它變成了一位特定的靈或神，有名字和故事。透過供奉、崇敬、對話，它可以與我們交流。大部分的萬物有靈論繼續存在，但是這些神明被視為比萬物有靈的「靈」更加威力強大——比較像是一種統治或皇室階級的「靈」，而不是自然靈。宗教在這個時期興起，於是古老的異教宗教（pagan religion）被創造出來。

永久的住宅和村莊創造了一群群的人們，他們發現，在某些時候聚在一起是有裨益的。他們創造了儀式來慶祝新神明和標明季節，這個時期還看見透過墓地和喪葬儀式對死者表示敬意。石碑是這個時候豎立起來的，包括巨石陣（Stonehenge）和大金字塔群（the Great Pyramids），在溝通交流、藝術、語言精練方面也大幅增強。

古代的歷史：魔法

當歷史開始被記錄下來的時候（也就是說，隨著文字的發明），史前時期結束了。異教儀式和神話，被記載在《伊里亞德》（*The Iliad*）和《奧德賽》（*The Odyssey*）之類的作品中。它們讓人瞥見了古代信仰的光輝燦爛。由於更複雜精密的溝通和推理方法，這個時期催生了詩歌、魔法、科學、哲學、更成熟的宗教、精緻的藝術、天文學、數學等等。這些研究領域全都被認為是理解和影響宇宙的方式，而且它們不是分開的。

儘管大部分的古代文化之間相隔遙遠，但是幾個與風元素相關的主題卻出現了，包括風元素的創造力量、風元素是魔法元素的哲學、相信風元素與靈連結等等，這裡有幾個古老的風元素主題。

風元素的創造故事

無數個宇宙、地球、生命、人類的創造故事都從風元素開始。這可能是一次呼吸、一句說出來的話，或一位與風元素有關聯的神明，所有這一切結合成風元素與開始和啟蒙的關聯。

風元素在希臘起源的神話中占有主導地位。希臘人相信，宇宙被創造出來，是因為一位無形無狀叫做「混沌」（Chaos）的存有，生下了一位有黑暗翅膀的女神「黑夜」（Night），而「黑夜」生下了一顆蛋，整個宇宙由此誕生。地球是由具體化現天空和空氣的男神「烏拉諾斯」（Ouranos 或 Uranus）與大地女神「蓋亞」（Gaia）融合創造出來的。人類是由「普羅米修斯」（Prometheus）與「厄庇米修斯」（Epimetheus）創造出來的，這兩位男神的名字，意謂著事先的考慮與事後的想法。

北印度的民榮（Minyong）部落人民，也相信一位造物主天空男神與一位造物主大地女神，這些神明生出了第一批人類。

古代的中國人相信：宇宙是一只雞蛋的形狀，有時候也叫做「宇宙蛋」。從蛋裡出現了空氣或呼吸（稱為「氣」）。這個「氣」也創造了大地和所有生命，包括人類。

大溪地（Tahiti）神話涉及一顆宇宙蛋，從這顆蛋中出現了一位創造宇宙和人類的男神。

美洲原住民休倫族（Huron）相信，第一個人類是女人，她從天空中的一滴眼淚墜落。

在古埃及，智慧、寫作、魔法之神「托特」（Thoth）透過說話創造了他自己，然後他生下了成為這個世界的蛋。太陽神「拉」（Ra）也被認為創造了天空、大地、人們。叫做「貝努」（benu）的神話鳥與這個世界同時誕生，而且每天早晨日出時，牠隨著冉冉升起的太陽一起重生。

在馬雅（Maya）神話中，一條有羽毛的大蛇和一位被稱作「天空之心」（Heart of the Sky）的神明，用他們的言語和念想創造了物質世界。此外，他們繼續形成人類、語言、書寫、書籍。

奈及利亞的約魯巴（Yoruba）人相信，一位名叫「奧羅倫」（Olorun）的靈是天空的統治者，他下令創造地球以及賦予人類生命。

其他古老的宗教（包括猶太教和基督教）都相信，一句話誕生了宇宙和地球。這種想法在我們的現代語言中是顯而易見的——甚至「宇宙」的英文字 universe 也可以翻譯成「一首歌」。

風是魔法元素的哲學

幾個古代文明都相信基本元素，或是構成其他一切的能量。這個觀念起源於世界各地，包括位在希臘、日本、中國、非洲部分地區、印度、西藏、夏威夷、北歐的古文明。這些元素的數量從三到七種不等。恩培多克勒（Empedocles）是西元前五世紀的希臘哲學家和魔法師，他認為元素是靈性的本質，每一種元素都擁有自己強大得像神一樣的能量。西元前五百年左右的希臘哲學家阿那克西美尼（Anaximenes）也贊同這些觀點，他相信，風元素創造了這個宇宙和世界，而且它是所有其他元素的根源。

風元素的哲學是在這個時期發展起來的。亞里斯多德宣稱，風元素的性質是溫暖而潮濕的。在西元前四世紀，希臘醫師希波克拉底將風元素與血液聯想在一起，因為它又熱又濕。西元前三百年左右，煉金術士佐西默斯（Zosimos）是第一位將風元素與基本方位（南方）聯想在一起的人。赫密士．崔斯墨圖（Hermes Trismegistus）是大約西元兩百年的埃及聖人，他進一步提出了風元素對應關係的概念。

呼吸包含靈與生命

呼吸與「靈」之間的關聯是有道理的——呼吸是出生後第一個生命徵象，也是我們離開這個世界之前所做的最後幾件事之一。據此，呼吸（或空氣，也就是風元素）被許多文化認為就是生命或「靈」本身。在希臘語和拉丁語中，*psyche* 這個字翻譯成氣息、活力、生命、靈。呼吸（breathe）的字根來自拉丁語 *spirair*，與靈（spirit）、靈感（inspiration）、志向（aspiration）這些字相關聯。*pneumea* 是呼吸和靈的希臘字。希伯來字 *ruach* 可以翻譯成呼吸、空氣、風、靈。

某些神明，例如，耶和華、奧丁（Odin）、奧羅倫，將生命的氣息吹進第一批人類之中。納瓦霍（Navajo）部落人民相信，嬰兒的第一口呼吸決定這名嬰兒的命運。在某些美洲原住民的實務做法中，薩滿（**shaman**）可以在人們的肺部捕獲靈魂的碎片，將它吹回到某人體內——薩滿的呼吸具有重新結合靈魂碎片的力量。呼吸與靈之間的另一個連結是，許多人認為呼吸是摒除雜念和達成星體投射的關鍵。

風元素包含靈或神明

許多古文明相信，靈居住在空氣（風元素）之中。在古希臘，這些被叫做「代蒙」（*daimon*），他們被認為是一群有益或無害的靈，包括自然靈、死者的靈魂、守護靈、負責守護的指導靈。❷「代蒙」可以代表世界上的人類行事，他們也是人類與諸神之間的媒介。

在某些古老文化中，風與靈是有關聯的。愛爾蘭傳說中的「希」（**sidhe**，發音為**shee**），他們是又稱作「菲」（**Fae**，意譯：小仙子）的精靈，逐字翻譯的意思，是「一陣

註❷："Daimon"，Online Etymology Dictionary（線上字源學字典），二〇一九年十二月二十八日存取，http://www.etymonline.com/word/daimon。

風」或「風元素的族群」[3]。同樣地，在某些文化中，強風被描繪成空氣打造的馬兒。「狂獵」（Wild Hunt）是一則歐洲神話，講的是一批由奧丁領導的靈，他們騎著幽靈般的馬兒，令風兒呼嘯狂嚎，而且向看見他們的人們預示厄運的來臨。

在許多文化中，風被擬人化成為某位神明。在北美納瓦霍族的宗教中，「聖風」（Holy Wind）被認為是無所不知、有無上權力的存在體（entity），可以讓一切事物發生。他們相信，一切事物都有這股內在的風，那可以被轉譯成「靈」。某些文化，包括埃及人、希臘人、羅馬人、凱爾特人（Celt）、美洲原住民、古代北歐人（Norse），東、南、西、北各有一位神明，代表來自四大基本方位的「四大風」，這些神明分別與某股能量、某種氣溫、某個季節相關。

心智是一處能量中心

源自這個時期的另一個共同主題是，心智包含一系列能量，涉及思考、觀想、溝通、其他風元素面向。這點在印度的第六脈輪、北歐的靈魂（hugr）、蘇菲（Sufi）的 *nafs*、凱爾特的 *Coire Sois*（被視為一只大鍋）、胡納（Huna，譯註：夏威夷的形上學理論）的 *uhane*，都說得清楚明確，被稱作「表意識心智」（conscious mind）和「靈」（spirit）。

中世紀：心智與靈的潛抑

中世紀（Middle Ages）開始於西元四七六年西羅馬帝國滅亡之後。隨著父權制宗教的聲望在西方世界崛起，異教宗教逐漸式微。某些歷史學家認為，這個改變與由於線性書寫的發明而發生的心智轉變是一致的。到了西元五三八年，羅馬教會（Roman Church）已經禁止了所有的異教崇拜。少數沒有被消滅的異教習俗，被剝奪了它們的原始意義且被納入羅馬教會的實務做法中。科學的、煉金術的、魔法的研究被禁止。幾名煉金術士逃到中東的部分地區，那裡的宗教寬容度比較大。

對大部分的西方世界來說，中世紀是一個未被啟蒙的時代。識字的人少之又少，書

註❸：Ottis Bedney Sperlin, *Studies in English-World Literature*, (New York: Century Company, 1923), 268。

籍因成本極高而被保存在私人圖書館內。然而，儘管羅馬教會的權力不斷增長，但是某些異教信仰和民俗還是倖存了下來。在第八和第九世紀，幾位教會要員記錄了女性的證詞，她們報告說，她們（顯然是因為星體投射或夢境）在夜空中與其他人、動物、女神黛安娜（Diana）和超自然存有一起飛行。女巫飛過夜空的故事，可能就源自於這些敘述。

在十一和十二世紀，來自阿拉伯人、猶太人、希臘人的新譯書抵達歐洲，這重新點燃了學習的興趣。人們學習哲學、天文學、占星學、科學、煉金術、魔法、與靈溝通、占卜，以及寶石與植物的魔法力量之類的主題。大量的資訊，為中世紀的魔法以及所謂的「十二世紀文藝復興」提供了基礎。

在這個時期，教會要員很可能讀到了那些談到「代蒙」的古文，而且將「代蒙」詮釋成「邪靈」。據推測，這導致一二〇〇年左右發明了 demon 這個字，意思是「邪靈……惡魔」。[4] 羅馬教會認為，所有靈都是邪惡的，包括古時候的神明、死者、自然靈、地方靈，以及小仙子（fairy）、淘氣小精靈（elf）、棕仙（brownie）之類民間傳說的靈。這些「邪靈」與風元素相關聯，也與「惡魔」（devil）相關，人們稱之為「空中掌權者的首領」（the Prince of the Power of the Air）。[5]

將呼吸所必須的「空氣」（風元素）逐步妖魔化，創造了一種可怕的視角，將生命視為善與惡之間的不斷爭鬥。對於以所謂的「招魂術」（necromancy）祈請這些靈且與之溝通的人們，羅馬教會變得愈來愈偏執。一二三九年，羅馬教會成立了宗教裁判所（Inquisition），目標是要消滅異端邪說和邪惡以及反叛者。估計有四萬到六萬人被殺，而且更多的人在血腥屠殺中飽受折磨，這場屠殺持續了幾個世紀，直到進入啟蒙運動（Enligthtenment）才停止。儘管如此，新的魔法書籍仍然出版和流通，即使可能受到死刑的懲罰。

文藝復興：一次謹慎的重新誕生

「文藝復興」（Renaissance）的意思是重新誕生，對於一個因為印刷術的發明而允許

註❹：”Demon”，Online Etymology Dictionary（線上字源學字典），二〇一九年十二月二十八日存取，http://www.etymonline.com/word/demon。

註❺：《欽定版聖經》〈以弗所書〉第二章二節（Eph 2:2 KJV）。

古典藝術、科學、哲學之類的主題，可以再次興盛的時代來說，「文藝復興」是一個適用的名字。書籍和小冊子很快被複印，而且資訊被廣泛地散播，這促進了讀寫能力和心智的發展。然而，並不是在這個時期複印出來的所有資訊都是有裨益的。一四八七年，宗教裁判所創作了《女巫之槌》（*Malleus Maleficarum*），這是一本偵測、折磨、殺死女巫的獵巫指南。

儘管宗教裁判所的嚴厲，這些玄祕科學還是因為印刷術的幫助祕密地大量出現。**occult**（玄祕的）這個英文字在一五二〇年代左右被發明出來，意思是「掩蓋住或隱藏起來」。[6] 將晦澀難懂的知識隱藏起來，避開會摧毀它的人們，那是必要的。魔法的秩序被建立起來，以小冊子流通。在這段時期，幾本書被出版了，提出了關於風元素性質的假設。

文藝復興結束於十七世紀中葉，當時哲學家笛卡兒開發了新的簡化哲學，優先考慮理性思考。邏輯和理性開始滲入集體思想，它播下了「啟蒙時代」的種子。由於強烈抵制以及企圖壓抑思想和精神的自由，獵巫行動升級了。

啟蒙時代：更大的思想和精神的自由

「啟蒙時代」開始於一七一五年左右，它標記了一個人們普遍受教育程度高於過去幾千年來的時代。人們質疑權威，重視理性，尊敬表達的自由。所有這些風元素的原則，開始解開宗教和嚴重迷信的束縛。

由於更大的思想自由，好幾本新的玄祕著作被複印且出版了，促成了比以往任何時候更多的資料。更多的祕密社團成立，例如「共濟會」（**Freemasons**）和「地獄火俱樂部」（**the Hellfire Club**）。雖然宗教裁判所在法國、德國、瑞士、波蘭等國家如火如荼地肆虐，但是這個時期最終標記了——最後一個人在歐洲或北美因巫術而被處死，時間是一七九三年。

在十八世紀末期，浪漫主義（**Romanticism**）崛起，在藝術方面有更大的表達自由。文學界因為濟慈和雪萊這類作家而興起了對恐怖和神祕的熱愛，他們往往在作品中

註❻：”Occult”，Dictionary（字典），二〇一九年十二月二十八日存取，http://www.dictionary.com/browse/occult。

運用異教的神明。新的藝術和靈性運動開始了，這個時期也是海地的巫毒修習者移民到紐奧良的時候，此舉有助於建立巫毒（Voodoo，譯註：又拼作Vodou、Voudou、Vodun）宗教。德魯伊復興運動也開始於這個時期，當時的德魯伊教僧侶（Druid）於一七九八年舉行了一場向秋分致敬的典禮。

整個十九世紀，浪漫主義在工業革命（Industrial Revolution）當中持續興盛。好幾本新的玄祕和神祕著作出版了，許多比較古老的著作則再版發行。一八〇一年，《魔法師》（*The Magus*）出版，影響了未來幾個世紀舉行典禮的魔法師。一八二〇年，《失散已久的朋友》（*Long Lost Friend*）出版。這本記載製作配方與法術加上一段基督教觀點的書籍，變成與民俗魔法的再生以及一個叫做「胡毒」（Hoodoo）的實務做法有關。

唯心論：復活的靈

對降神會與通靈術有興趣的唯心論（Spiritualism）運動，開始於一八四八年，不久就遍布歐洲和北美洲，這份好奇心也激起了世界的其他部分研究玄祕學、古代的異教信仰（paganism）、靈性的實務做法。

在這個時期，伊利法・李維（**Éliphas Lévi**）出版了幾本玄祕書籍，他是傳承赫密士主義（**Hermetism** 或 **Hermeticism**，譯註：宗教性與哲學性的傳統，主要是基於被歸為赫密士・崔斯墨圖所著的偽典）的煉金術士兼儀式魔法師。李維顯然與風元素非常有緣，因為他尊敬知識高於一切。他開發了元素的定理，包括風元素是「知曉」（*to know*），而且將風元素的元素統治者命名為「帕拉達」（**Paralda**）。他促進了「對應關係」與「儀式化魔法」的理解。

許多靈性進展發生在這個世紀下半。從一八五〇年到一八六九年，瑪莉・拉瑪（**Marie Laveau**）成為著名的紐奧良巫毒社群的領袖。海倫娜・布拉瓦茨基（**Helena Blavatsky**）發起了玄祕哲學。這時期在一八七五年左右啟發了 *neopagan*（「新異教」或「新異教徒」）這個字的創造[7]，以及幾個團體和祕傳學會的成立。這些包括北歐的異教團體，以及「安格利亞玫瑰十字會」（*Societas Rosicruciana in Anglia*），促成了「黃金黎明協會」（**the Hermetic Order of the Golden Dawn**），他們創造了「東方的瞭望塔」

註[7]："Neopaganism"，出處同上，二〇一九年十二月二十一日存取，http://www.dictionary.com/browse/neopaganism。

（watchtowers of the east）這個說法，來召喚風元素的元素統治者。阿萊斯特·克勞利（Aleister Crowley）是好幾個祕傳團體的成員，包括「黃金黎明協會」，他推動了通俗化的儀式魔法。本時期的其他作家，包括查爾斯·李蘭德（Charles Leland）與瑪格麗特·默里（Margaret Murray），出版了幾本著作，書中的緣起，都提到從羅馬帝國時代傳承下來的完整巫術宗教。雖然他們的許多理念並沒有事實根據，但是他們反映了那個時期對魔法、神話、抵抗的共同理念。

巫術的再生：祕密問世

一九五一年，英國的反巫術法案被廢除。同年，羅伯特·柯克倫（Robert Cochrane）發起了「傳統巫術」（Traditional Witchcraft），這是一個非異教的巫術運動。一九五四年，傑拉德·加德納（Gerald Gardner）出版了《今日巫術》（*Witchcraft Today*），書中揭示了威卡教（Wica 或 Wicca，譯註：新興、多神論、以巫術為基礎的宗教，盛行於英國和美國）的實務做法，這是之前不為人知的巫術版本。

一九六〇年代，反主流文化誕生，許多人們捨棄社會同一性與有組織的宗教，推動邁向更大的平等。在這段期間，「新時代」（New Age）運動從唯心論的灰燼中升起。這種比較新型的思考方式，納入了正向思維的力量，以及在社會規範之外搜尋靈性的意義。人們開始探索與心、身、靈連結的方法，這反映在靜心和瑜伽之類的東方實務做法日漸普及。許多人被吸引，邁向大自然、異教信仰、巫術。

幾本關於巫術的書籍被出版，其中某些提倡獨自研習、自我啟蒙，以及用比較直覺的方法接觸魔法和巫術。

全球化：資訊的時代

網際網路改變了一切——比起以往任何時候，資訊更廣泛、更容易被分享，而且世界各地的人們連結了，即使不是在「現實生活」中連結。社交媒體也用知識連結了來自世界各地的人們。許多人把這個時期叫做「資訊的時代」（Age of Information）以及「水瓶座的時代」（Age of Aquarius）。這個說法很恰當，因為考慮到風元素比以往任何人類時代都更為盛行。資訊是不折不扣在空氣中的，以無線網路（wifi）與蜂巢連結（celluar connection）的形式。其他流行的風元素技術，包括微波爐、風力、無人機、光學雷達（LiDAR）。當然，你八成聽過「資料庫」（data bank）這個專有名詞，而且是雲端資料庫。這個時期是十分完美地具體化現風元素，我們不妨稱之為「風元素的時代」（Age of Air）。

對許多人來說，這是空前的自由和資訊與現行機構的破滅感同時發生。解決方案呢？就是巫術。更多的人們正在研習巫術，多過以往任何時候。據估計，從二〇〇八年到二〇一八年，美國境內的女巫、異教徒、神祕學人口增加了一倍，達到一百五十萬名修習者。[8]關於巫術、異教信仰、神祕學的書籍正在被出版，銷售速度大過以往任何時候，而且「趨勢」似乎並沒有減緩。[9]魔法藝術的修習者，將這些視為靈性的實務和方法，可以在自己人生中運用更多的力量。

「資訊的時代」也有與風元素密切連結的獨特危機。溫室氣體在地球的大氣層中積累，已經造成了可能不可逆轉的氣候改變。

幸運的是，我們可以運用風元素幫忙解決我們時代的兩難困境。談到資訊以及可以做出的抉擇時，我們可以運用辨別能力。可以在我們的消費主義（consumerism）中運用智慧，而且可以與官員溝通，通過減緩氣候改變的法律。但願由於新的發明與革新，我們將會在這個時代持續繁榮興旺，讓在地球上的每一個人達成心智與靈性的自由。

心智與靈的全新高度

風元素一直以人類心智與靈的形式與人類一起成長。歷史可能並不總是很漂亮，但重要的是，要知道我們從哪裡來。假如歷史確實重複，我們便可因為事先知道而預作準備。由於自由思想的散播以及選擇自己的靈性道路的能力，心智與靈已經翱翔到勇敢的全新高度。未來尚未定型，但是很可能對知識、自由、平等的渴求，將會繼續成長到無與倫比的程度。

註❽：Melisa Malamut，"Witch Population Doubles as Millennials Cast Off Christianity"，《紐約時報》（*New York Post*），二〇一八年十一月二十日出版，二〇一九年十二月二十八日存取。http://nypost.com/2018/11/20/witch-population-doubles-as-millennials-cast-off-christianity/。

註❾：Lynn Garrett，"Season of the Witch: Mind Body Spirit Books"，《出版者週刊》（*Publishers Weekly*），二〇一九年八月二日出版，二〇一九年十二月二十八日存取。http://www.publishersweekly.com/pw/by-topic/new-titles/adult-announcements/article/80847-season-of-the-witch-mind-body-spirit-books.html。

2 神話中的風獸與風鄉

許多神話的存有和地點，都與風元素的魔法有關，例如龍、獅鷲、小仙子之類的生物，是集體人類意識和想像的一部分。從有記錄的時間開始，在幾乎每一種藝術形式中都可以找到牠們，包括繪畫、木雕、陶器、壁畫、神話、故事中，以及盾形紋章上。這些風系神話存有，是故事裡的要角，嚇壞了古代的觀眾，令他們毛骨悚然。同樣地，幾乎在每一個文化中都可以找到風元素的神話地點，而且它們激起驚奇以及對這些異世界的渴望。

幾千年來，許多這些神話被認為其實是存在的。對這些生物和地點的共同信念，是由於第一手的經驗描述，以及由於囊括了虛構和真實生物的書籍。人們認為，或許只有某些人們經驗過這些神話，因為這些生物很罕見，或是找不到進入神話地點的方法，或是這些異世界的存有，綁架了靠近牠們的任何人，等幾十年或幾世紀之後才讓這些人回家。

當十七和十八世紀，邏輯開始推翻迷信的時候，這些神話的觀點改變了。成年人被期待是理性的，不抱持不合邏輯或荒唐古怪的想法。由於持續欠缺真實存在的證明，神話中的野獸，最終被歸類為荒誕的生物。同樣地，曾經老少咸宜的仙靈故事，被降級成為僅限於兒童。

不管怎樣，神話以童話故事、寓言、動物寓言集、傳奇故事的形式，繼續留存下來，就跟格林兄弟（**Grimm Brothers**）、安德魯．朗（**Andrew Lang**）、托爾金（**J. R. R Tolkien**）等人說的那些故事一樣。近來，風系存有和地點，根深柢固地出現在現代藝術、電影、電視節目、書籍之中。想像《冰與火之歌：權力遊戲》（*Game of Thrones*）沒有在飛的龍，或是《魔法師》（*The Magicians*）的虛構界域「費洛瑞」（**Fillory**）之中沒有仙靈，那幾乎是不可能的。

要將本章中的神話想成異想天開的視界、原型、擬人化魔法的風元素，讓它們提升你的想像力，藉此啟發你更常感覺到與風元素接觸。我鼓勵你，在焚香的煙霧裊裊盤繞時，與風精靈西爾芙（**sylph**）一起共舞。想像威嚴的獅鷲在頭頂上方飛行，同時感覺到你的心高飛翱翔。要搜尋雲朵，因為那些雲的城堡是用風元素建造的。讓這些故事提升你的心智與靈，因為它們的本意就是這樣。

風元素的神話生物

有雙翼的飛龍

龍（dragon）曾經被認為是地球上最大的生物。牠們自在地飛過空中，導致各式各樣的天氣，尤其是大雷雨。好的龍療癒和幫助人們，但是邪惡的龍吃掉家畜和人們，而且用一口火的氣息噴過去，燒掉整座村莊。在中世紀的英格蘭，有目擊者描述，巨大、有鱗的龍，張開宛如蝙蝠的雙翼飛行，恫嚇城鎮。傳奇的亞瑟王與龍有關聯，而且關係密切到亞瑟王的頭盔上有龍的徽章。某些歷史學家相信，龍是古代異教文化的象徵，也是對抗基督教的象徵。征服惡龍往往是一種委婉的說法，意指戰勝內在的掙扎，達成靈魂的解放，擺脫心智和情感的束縛。

在古代的中國，龍是威力強大的風元素大師以及好運的傳遞者。牠們在雲中玩耍，四處打滾，有時候追逐一顆光球。這些龍可以變成大到如同整個天空，也可以小到宛如一條小蟲。作為天氣的主宰，牠們指揮風、雲、雨。雖然這些龍有導致暴風雨的能力，但是牠們只在不滿意人們行為的時候，才會毀壞人們的財產。

在魔法方面，龍與野心、潛意識、挑戰、保護和毀滅、夢想、天氣、開悟、古老的智慧、運氣、繁殖力、平衡、顯化、異世界、權力、勇氣、財富、創造、保護相關。這些宏偉莊嚴的生物，可能也與其他元素有關，取決於牠們的結構、能力、棲息地。與這種龍類似的神話生物，有雙足翼龍（wyvern，有魚尾的龍）和雞蛇（cockatrice，有魚尾和公雞頭的龍）。

翼蛇

翼蛇（winged serpent）出現在世界各地的民間傳說中，包括古代的歐洲、印度、中國、日本、中美洲和北美洲、夏威夷、紐西蘭、芬蘭、埃及、中東。牠們跟一般的大蛇一樣大，只是牠們有美麗而覆有羽毛的翅膀。

關於翼蛇的癖好，傳說各不相同。在某些故事中，牠們是保護者和守護者，代表人類的利益行動。腓尼基人（Phoenician）稱之為「阿加索斯代蒙」（*agathosdaimon*），意思是保護者的靈。在中國的一則故事裡，翼蛇來到某個人家，警告那家人乾旱即將到來。然而，其他故事則說，翼蛇是危險和敵對的。被牠們咬傷導致疾病，牠們的尿液融解掉肌肉。阿拉伯人的翼蛇叫做「賽倫斯」（*syrens*），其毒液可立即致死，牠們甚至跑得比馬還快。

幾位埃及神明被描繪成翼蛇，包括墳墓守護者默策賽格（Mertseger）女神；以及掌管分娩與母性的涅赫貝特（Nekhebet）。法老王的守護神布托（Buto）女神也以翼蛇的形相現身，而且有時候也被描繪成戴著王冠。

在古代的馬雅部落文化中，羽蛇「庫庫爾坎」（Kukulcan）被尊為慈善的轉化神明。幾世紀以後，庫庫爾坎的傳說變成了阿茲特克人（Aztec）的羽蛇男神「奎查寇特」（Quetzalcoatl）。

美洲原住民夏安（Cheyenne）部落民族有一則關於翼蛇的警世傳說。一天，兩名男子忙著打獵，他們遇見了一座巨型鳥巢，巢裡有他們見過最大的蛋。一名男子肚子餓，於是吃了一顆蛋。幾天後，他開始變形成一條巨型羽蛇。他全身長滿了羽毛和鱗片。男子非常痛苦，於是投河自盡。根據至少一種說法，這是為什麼夏安族人每次渡河或穿越湖泊時，都要留下菸草或食物祭品的原因。

鳥龍

美洲原住民伊利尼（Illini）部落有巨型「皮亞薩」（piasa）的傳說，「皮亞薩」又名「鳥龍」或吞噬人類的鳥。這種生物雙翼展開有五公尺半，牠有鱗片、鹿角、蝙蝠翅膀、有鱗片的長尾巴、一張怒氣沖沖的人臉。牠原本是慈善的野獸，但是在戰鬥中協助伊利尼人之後，牠發展出品嚐人肉的愛好。當牠與幾位伊利尼部落成員一起潛逃時，不得不對牠下達格殺令。至今在伊利尼原住民區的懸崖壁上還可以找到鳥龍的肖像。

在日本神話中，鳥龍被認為是所有龍之中形相最先進的。據描述，牠們有鳥類的身體，龍的頭，有鬚，還有長長的上唇鬍子，飛行時可以拖在身後。

火鳥

幾種神話的鳥都與風元素和火元素有關聯，其中最廣為人知的是不死鳥（phoenix），這是一種體型如老鷹大小的彩色鳥，原產於阿拉伯地區，有幾百年的壽命。當不死鳥死亡的時候到了，牠便製造一座由香料、乳香、沒藥築成的鳥巢。然後牠飛向太陽，著火，落入那座鳥巢，死去。幾天後，牠從那些灰燼中復活，重生。不死鳥與煉金術有關聯，等於是將鉛轉變成金子，而且精練靈魂。這隻有魔力的鳥，也與美麗、靈性、新的開始、幸福、實力、希望、毀滅、長壽、異世界、重生和更新有關。

不死鳥的起源，被認為是埃及的貝努鳥（*benu*），一種外形酷似蒼鷺的神話鳥，出生在世界創造期間。每天早晨日出時，貝努鳥都會與太陽一起重生。牠與對兩位太陽神「拉」和「亞圖姆」（Atum）的崇拜連結，而且牠伴隨死者的靈魂穿越冥界。描繪貝努鳥的象形文字，常被發現雕刻在金字塔的鍍金頂部。

鳳凰是美麗的中國火鳥，從太陽中誕生出來。牠有多彩的羽毛，一條長長的紅金色尾巴，而且兼具雄性與雌性特質。這隻神話鳥代表皇室婚姻的一半；皇家龍是另外一半。鳳凰唱著甜美的歌，而且多虧牠將樂律提供給人類。鳳凰的出現被視為和平時期的預兆，或預示著一位強大的領袖即將誕生。

俄羅斯的火鳥傳說是一種羽毛確實著火的鳥。透過神祕的力量，這隻鳥並沒有受傷。同樣地，「卡利斯代」（*caristae*）是一隻可以飛過火焰而不受傷的鳥。「埃特瓦拉斯」（*aitvaras*）是傳說中的立陶宛公雞，有火構成的尾巴以及龍的雙腿；牠用幸運、財富、豐富的穀物，換取家庭自製的煎蛋捲。

巨鳥

巨鳥在世界各地都是傳奇。最著名的巨鳥之一是大鵬（roc），這是一種從蘇美（Sumeria，譯註：在目前發現的西亞美索不達米亞文明中，蘇美是最早的文明體系）到中國，人人聞之膽寒的巨鳥。牠的名字源自於阿拉伯語 *ruach*，意思是生命的氣息。有些人相信大鵬是巨型渡鴉，另一些人則認為牠是老鷹、禿鷲或兀鷹。牠十分強壯，強壯到為了餵飽牠的小孩，牠會叼走人們乃至大象。有人說大鵬生活在北極星，還說，其中一隻大鵬下了一顆蛋，變成了這個世界。大鵬的最著名記載是在《一千零一夜》（*The Arabian Nights*）之中。當時辛巴達（Sinbad）被困在海洋裡，一隻大鵬救了他。與大鵬類似的是安卡（*anka*），牠是一種巨大的阿拉伯鳥，雙翼展開超過十五公尺。

雷鳥（thunderbird）傳說來自整個北美洲的幾個美洲原住民部落。這隻巨大的鳥每次拍擊雙翼，便創造霹靂雷聲。牠太大了，大到當牠飛起來的時候，水從牠背上的貯液池掉落下來，宛如雨水下落，形成巨大的水坑。當雷鳥在海洋附近時，牠捕食鯨。當牠在內陸時，牠與生活在池塘和湖泊底部的有角水蛇作戰。在魔法方面，牠與聰明、權力、實力、魔力相關。

另一隻大鳥是「斯丁法利德」（*stymphalid*），牠是源自於希臘神話的大鶴，牠的鳥喙、羽毛、爪子是最鋒利的黃銅製成的。「斯丁法利德」可以射出牠們的羽毛，羽毛像致命的刀一樣劃過空中，甚至可以輕易地刺穿最厚的盔甲。牠們因為把人整個吃掉，以及澈底摧毀幾座村莊而聞名。海克力士（Hercules）殺死了大部分的「斯丁法利德」，之後，牠們飛到世界的遙遠角落，再也沒有人看見過。

紐西蘭的毛利人有一則巨型老鷹的傳說，這隻老鷹大到可以一次叼走幾個小孩。同樣地，「哈魯魯」（*halulu*）是來自夏威夷的巨鳥，牠也獵食人類。

又名「黎明鳥」（the Bird of Dawn）的「天雞」（Celestial Rooster）是來自中國的巨型公雞，牠在日出時啼叫，震醒整個世界。根據傳說，世界上所有其他公雞都源自於「天雞」。另一隻值得注意的大鳥參照是巨型雞腳，雞腳是巫婆芭芭雅嘎的小屋（Baba Yaga's hut），有著雞腳的小屋，能穿行黑暗的森林。

有魔力的鳥

有些鳥可能看起來很正常，一旦仔細檢查，你會發現牠們實際上是有魔力的。一個例子是波斯（**Persia**，伊朗的舊稱）的「醫官鳥」（*caladrius*），牠是一隻白鳥，擁有治癒人們的能力。只要某人尚未病入膏肓，「醫官鳥」便承擔這人的疾病。這使得牠的羽毛變成灰色。然後牠飛向太陽，將疾病散發到空中。牠的羽毛再次轉變成白色，而且一旦牠返回到地球上，就可以再次療癒人們。「霍姆」（**hōm**）是另一隻治癒疼痛和創傷的鳥。牠與聖潔和神性相關，也充當信使。

奧丁有兩隻有魔力的渡鴉：福金（*Hugin*，意思是思想）以及霧尼（*Munin*，意思是記憶）。這兩隻有智慧的鳥兒，告訴奧丁世界上發生的所有事情，讓奧丁的智慧永不枯竭。

伊朗一隻有魔力、人稱「呼瑪」（*huma*）的鳥是純淨的靈，牠同時具體化現雄性和雌性的特質。很少有人看見牠，但是當某人真的瞥見牠的時候，據說他們的餘生必會快樂幸福。當牠直接飛過某人的上方時，那人將會成為統治者，牠有時候被稱作幸運鳥或天堂鳥。

庫庫伊奧（*cucuio*）是西印度群島（譯註：位於中美洲以東，大西洋以西，也就是加勒比海上）的傳奇鳥，大約拇指般大小，透過兩眼放光。牠們時常被抓起來關在籠子裡，運用牠們詭異發光的雙眼，就可以照亮夜晚。這種鳥被認為與一隻羽毛發出磷光的德國神話鳥「厄西尼」（*ercinee*）有關；也與吃了金或銀便發光的智利鳥「阿利坎托」（*alicanto*）有關。

另一種有魔力的鳥是二頭或三頭老鷹，牠們的眼睛可以看很遠且同時看見多個位置，這些鳥看見一切，什麼都知道。在羅馬和凱爾特人的傳說中，牠們普遍被認為是權力的象徵，牠們雄偉的形象繼續留存在旗幟和盾形紋章上。

在墨西哥的民間傳說中，某些女巫可以運用魔法將自己變形成「貓頭鷹」，這是一種折磨惡人以及預示死亡的貓頭鷹。

人類混血種

人獸混血生物在神話中非常流行，因為牠既展現了人類的獸性面，也展現了動物的人性面。最著名的人類混血種之一是女海妖（siren）——她是夜鶯，有著美麗人們（通常是女性）的頭部，有時候甚至是胸部。在古希臘傳說中，女海妖用迷人的歌聲迷惑水手。一旦這些水手被施了魔法，他們便將船駛向女海妖島，在那裡，女海妖們將水手們撕成碎片，吃掉他們的肉。有一則傳說講道，她們原本是波瑟芬妮（Persephone）的侍女。當波瑟芬妮失蹤時，狄蜜特（Demeter）把她們變成了半人半鳥，讓她們可以飛到四面八方尋找波瑟芬妮。希臘女海妖的故事很可能是俄羅斯「西琳鳥」（*sirin*）的靈感來源，「西琳鳥」是巨型貓頭鷹，有女性的頭部和胸部，會唱動人的歌；以及中歐和東歐斯拉夫人（Slav）的「先知鳥」（*gamayun*）和「阿爾科諾斯特」（*alkonost*）的靈感來源，她們都用歌聲迷惑人。

鷹身女妖哈琵（harpy）是希臘神話中類似女海妖的混血種；不過，這些可怕的生物擁有禿鷲的身體和憤怒老婦的面孔。她們被描述成刺骨的烈風的靈。鷹身女妖們身為「宙斯的獵犬」，但是卻時常與不法之徒一起潛逃，將不法之徒送給「復仇女神三姊妹」（Furies）。

「孔瓊」（*conchon*）是怪異的南美洲生物，有女人的頭，鳥的身體，耳朵很大，大到牠用耳朵飛行，這個嚇人的景象警告人們厄運來臨。

日本的「天狗」（*tengu*）是男性，有鳥喙和雙翼。凡是牠們去到的地方，都釀成災禍和傷害。

波斯的「西摩格」（*simurgh*）是色彩豔麗的銅孔雀，有獅子的爪子和女人的頭。牠的名字翻譯後的意思是「月鳥」。雖然牠大到可以叼走人類和動物，但牠卻是慈善且無所不知的生物。只要牠在場便能淨化土地。由於牠是少數有能力推理和溝通的鳥，祂攜帶著訊息，來回天地之間。在著名的故事《百鳥朝鳳》（*The Conference of the Birds*）之中，所有鳥兒都在尋找西摩格，牠們稱牠是最偉大的鳥類。

希臘有雙翼的斯芬克斯（sphinx）是狡猾的野獸，牠有人類的頭顱、獅子的身體、老鷹的翅膀。斯芬克斯吞掉殘酷的人，協助善良的人，藉此扮演正義的角色。牠們還與人們一起玩謎語和智力遊戲。如果斯芬克斯沒有從某人那裡得到正確的答案，牠們往往會吃掉對方。在魔法方面，斯芬克斯與希臘女神雅典娜、死亡、毀滅、魔力有關。

與斯芬克斯類似的是「布拉克」（*buraq*），牠有男人的頭顱、驢的耳朵、馬的身體、孔雀的羽毛。這種生物與聖潔有關，而且牠將人們提升到可能最高的天堂界域。

在本節中，我們可能會把「小仙子」描繪成有翅膀的小小人類；然而，歷史上的小仙子版本並不是那樣描繪的。這種比較現代的描繪，源自於維多利亞時代（Victorian era，譯註：通常指一八三七年至一九〇一年，也就是英國維多利亞女王統治時期）的浪漫觀念，這樣的小仙子其實可能更像風元素精靈「西爾芙」。

會飛的動物混血種

錯配的神話動物的發明，可能向來是將熟悉的野獸轉變成綜合怪物的一種方法。給予這些怪物所有最可怕的身體部位，這很可能確保了恐怖以及非常戲劇性的說故事娛樂效果。

獅鷲（**gryphon**）被譽為「百獸之王」，被認為是實際存在過最大的鳥類。牠們有巨型老鷹的頭部、翅膀、前臂、爪子，以及獅子的身體、腿、尾巴。獅鷲時常出現在古埃及、衣索匹亞、波斯、希臘的藝術之中，以及文藝復興時期的藝術中。牠們通常被描繪成保護者，但是牠們也以捕捉人們或馬匹來餵食牠們的幼子而聞名。獅鷲非常強壯，強壯到可以捉走一頭成年大象或水牛。牠們用生命守護著自己的寶石和貴金屬寶藏。在希臘神話中，獅鷲被稱作「宙斯的獵犬」，牠們與雅典娜和阿波羅有關，也與來自克里特島、美索不達米亞、埃及的神明有連結。在魔法上，獅鷲與實力以及生與死之間的連結有關。在但丁・阿利吉耶里（Dante Alighieri）的《神曲》（*Divine Comedy*）之中，一隻獅鷲帶領隊伍走向天堂。

迦樓羅（*garuda*），又名「印度獅鷲」，體型跟狼一樣大，還有黑色羽毛以及色彩鮮明的紅色長胸羽。同樣地，駿鷹（hippogriff）是有馬的身軀和後腿的獅鷲。這種生物最早出現在文藝復興時期，靈感來自維吉爾（Virgil）的《牧歌集》（*Eclogues*）。或許文學中最有名的駿鷹是《哈利波特》（*Harry Potter*）系列中的「巴嘴」（Buckbeak），牠英勇地對抗邪惡勢力。

「飛馬」（Pegasi）是宏偉莊嚴、有雙翼的馬，來自希臘神話。牠們是特別迅速的風的化身，也與宙斯和暴風雨有關。第一匹雙翼飛馬「佩加索斯」（Pegasus）被認為源自美杜莎（Medusa）的血。貝勒羅豐（Bellerophon）是希臘的凡人，他得到女神雅典娜賜予的一副金色轡頭，於是能夠馴服佩加索斯。然而，在一則類似伊卡洛斯（Icarus，譯註：在希臘神話中，伊卡洛斯運用蠟製的雙翼逃離克里特島，但是因為飛得太高，雙翼遭太陽熔化而跌落水中喪生）與蠟製雙翼的故事中，貝勒羅豐試圖騎著佩加索斯飛到奧林帕斯山成為神，佩加索斯卻將貝勒羅豐從背上拋下，害他墜落而死。佩加索斯住在奧林帕斯山的一座馬廄裡，與宙斯的其他馬匹在一起。每當宙斯想要雷霆與閃電時，佩加索斯獲准帶來這兩樣東西。有角的飛馬原生地在衣索匹亞。

鹿鷹獸（peryton）是一種具有雄鹿前半身以及巨鳥的雙翼、後腿、尾巴的生物。牠們是人類不共戴天的敵人，而且會毫不猶豫地與人類決一死戰。牠們最初來自亞特蘭提斯，因為飛到空中而逃過那場毀滅性的地震。

而且當然，誰能忘記《綠野仙蹤》（*The Wizard of Oz*）裡的飛猴呢？雖然牠們遵照一位也會飛的邪惡女巫的吩咐，但是牠們的品德不完全好、也不完全壞。等牠們擺脫「西國魔女」（the Witch of the West）之後，就不再阻撓主角了。其他會飛的動物混血種包括有雙翼的公牛，牠們在回溯到至少西元前八世紀的波斯藝術中出現過，以及有雙翼的獅子，牠們時常出現在中世紀的藝術中。

沒有翅膀卻會飛行的動物

北歐神話中，有許多即使沒有翅膀卻可以飛行的動物。被稱作「晝夜」（Day and Night）的巨人們，乘著沒有翅膀的馬拉曳的馬車劃過天空，被會飛的狼追趕著。北歐男神奧丁騎著一匹沒有翅膀的八腿馬，叫做「斯萊普尼爾」（Sleipnir），牠飛過天際，進入冥界。奧丁騎著這匹馬，同時帶領「狂獵」，這是一支可怕的幽靈兵團，大家騎著馬和其他野獸飛過空中，追捕他們的獵物。在北歐的《散文埃達》（*Prose Edda*）中，簡短地提到一匹名叫「霍瓦爾普尼爾」（Hófvarpnir）的無翼飛馬。就連雷神索爾（Thor）的天空馬車，也是由一對沒有翅膀的山羊拉著。

關於會飛的無翼馴鹿，第一則有記載的神話，可以追溯到一八二〇年代的聖誕詩歌。從那時候開始，馴鹿與神奇魔力一起飛行的傳說便廣為流傳，尤其是在寒假期間。

神話中的存有

西爾芙

就跟有寧芙（nymph）精靈，居住在森林、溪流、海洋、火山以及其他大自然的地方，也有風元素的精靈居住在這些地方，他們有時候被叫做「西爾芙」（sylph）。這些元素精靈或風元素精靈是簡單、體形小、狂野、孩子般的存有。因為是風元素的純淨代表，西爾芙乘著微風飛行，在沙塵暴中跳舞。他們負責使樹葉和樹枝沙沙作響，也讓風滾草在平原上四處奔跑。他們與鳥兒一起飛翔，乘風破浪，邊走邊踢起泡沫和浪花。當風靜止的時候，西爾芙們正在休息，享受著大地的慷慨贈予。他們等待著，要再次被賦予靈感，而且一旦被賦予靈感，他們便趁勢起飛。

西爾芙有能力影響天氣。他們可以為了攪亂溫和的風而被召喚過來。西爾芙可以穿過固體和液體，抵達任何目的地。他們以焚香的煙為食，在裊裊盤繞的煙霧中跳舞。他們熱愛音樂。如果你曾經聽過微弱的聲音不知從何而來，或是來源不明的風中音樂，你可能已經聽見了西爾芙的聲音。

文藝復興時期的煉金術士帕拉塞爾蘇斯（Paracelsus），是第一位使用sylph這個字來代表風元素精靈的人。他說西爾芙是美麗的類人生物，而且在所有的元素精靈中，西爾芙是最接近人類的，因為他們跟我們一樣，也需要空氣。其他魔法師推測，西爾芙可以集結空氣，創造一具身體。

西爾芙通常是有裨益的存有，協助進行光的魔法實務和儀式。由於他們的身材和質性有限，他們並不具備進行較大魔法工作的能力。因為西爾芙擁有風元素的所有特質，所以為了涉及溝通、靈感、創造力、想像力、擴展的魔法，而召喚他們是有用的，他們也可以幫你進入有魔力的心智狀態。

小仙子

小仙子（複數 fae、fairies 或 faeries，單數 faery 或 fairy）是風元素存在體，有來自世界各地的著名故事。他們等於是魔法（magic）、妖術（sorcery）、結界（enchantment）的同義詞，而且據說他們存在於風元素的魔法界域。他們甚至被描述成擁有凝結的空氣構成的身體，某些更是美得令人窒息。小仙子有各種尺寸——從人類大小到只有幾公分高。雖然有些小仙子很像人類，但是他們的壽命長許多，而且沒有人類的情緒。

許多童話故事起源於幾千年前。在某些這類故事中，小仙子協助遭遇到過多困難的好人。灰姑娘（Cinderella）的故事是一個很好的例子。在佩羅（Perrault）一六九七年的版本中，一位仙子教母運用魔力，使灰姑娘以公主的身分出現並參加皇家舞會。在仙子們的協助下，灰姑娘贏得王子的心。

然而，小仙子據悉也會搞鬼和心懷惡意。最廣為人知的其中一則這類故事，是偷換孩子的傳說。世界上許多地區都共同認為，小仙子會把無人看管的人類嬰兒調包，換成哭個不停且與人類小孩截然不同的小仙子嬰兒。

由於小仙子的這種雙重特性，許多人相信有兩種不同的小仙子——有心腸好的慈善小仙子，也有心腸壞的惡意小仙子。雖然兩者都會針對人類惡作劇，但是心腸好的小仙子造成的傷害小許多。

在魔法上，小仙子與彼岸世界和冥界、創造力、光、結界、魔力、想像力、農業、預兆、動物、轉化、生命、死亡、顯化有關。不管怎樣，小仙子是一個靈構成的多樣化群體，其中許多靈是某些地區特有的或擁有特殊能力的。在魔法上與他們合作之前，不妨先做些研究，覺察到他們的特質。舉例來說，許多小仙子是怎麼召喚都不會出現的，而且可能會對這樣的命令大發雷霆。好好研究一下你有興趣的那些小仙子，才能確保他們與你和你的魔法相容。

女武神

女武神（valkyrie）是奧丁的侍女靈，她們飛越戰場，與偉大的戰士們並肩而行。**valkyrie** 這個字源自於古北歐字中的「選擇」和「戰死」兩字的結合。她們的任務之一是：宣判並選擇誰將在戰鬥中死去。

有時候，女武神被描繪成有著大大的雙翼。其他時候，她們被描繪成騎著馬的女戰士。她們出現時，通常拿著長矛，戴著頭盔，身穿盔甲，尤其是當她們在戰鬥中為保護她們的摯愛而搏鬥時。戰士一旦死亡，女武神便與那個靈魂一同飛行，直至戰士們抵達最終目的地，藉此確保他們安全地抵達死後世界。她們也會在「瓦爾哈拉」（Valhalla）為英靈們端上麥酒和蜂蜜酒。

神話中的風鄉

奧林帕斯山

當奧林帕斯山的眾神不在地球上或冥界時，他們生活在奧林帕斯山雲霧繚繞的界域。雖然實際的奧林帕斯山，就是以希臘境內最高山的身分存在，但是人們認為，眾神的家園遠遠在地球之上。它是一個沒有風、雨或雪的崇高地方。阿波羅的七弦豎琴聲，在整個大廳中迴盪，眾神們吃著珍饈美饌，喝著瓊漿玉液。

天空中的城堡

在「傳統巫術」中，當某些女巫祈請風元素的時候，她們召喚天空中的城堡。這座城堡是凱爾特人的保護和狩獵之神「泰坦斯」（Tettans）的住家。

阿斯嘉特、阿爾夫海姆、尼福爾海姆

在北歐神話中，九個神話世界中有三個存在於空中。阿斯嘉特（Asgard）是眾神的家園。它存在於天空之中，奧丁和弗麗嘉（Frigg）統治著這裡。阿斯嘉特的內部有華貴的「瓦爾哈拉」，也是死去的戰士們的死後世界。阿斯嘉特還包含一個被稱作「津利」（Gimlé）的地方，這是最美麗的地點，只保留給世界末日時將會倖存下來的一流人選。在阿斯嘉特旁邊是阿爾夫海姆（Alfheim），這是光之小精靈的世界，他們是善良的美麗存有。這些小精靈也生活在被原始居民遺棄的另外兩個天空界域。尼福爾海姆（Nifelheim）是另一個薄霧和霧氣構成的風系世界，而且它是一條名為「尼德霍格」（Nidhug）的龍的家。

香巴拉

神話般的香巴拉（Shmballa）界域，隱藏在喜馬拉雅山脈中，這是一個和平、愛、青春永駐、活力健康的地方。在這整個地區的幾部古代文獻中都提過香巴拉，而且它的神話可以追溯到幾千年前。

巨人之地

在《傑克與魔豆》（*Jack and the Beanstalk*）的古老故事中，男孩得到魔豆，而魔豆被母親扔到窗外。一夜之間，魔豆長成巨大的豆莖。傑克爬上巨大的豆莖，來到上方的世界，那裡有巨人居住在富饒的土地上。

仙靈界

仙靈界（Faeric realm）是一個與我們的世界平行的存在層，在這個世界中住著眾多被稱作「小仙子」的精靈。許多人們曾經進入過這個界域，因為尋找迷人的音樂，或是因為跟隨小仙子。仙靈界的入口點也可能是穿過一棵老樹的樹幹（通常是一棵橡樹）或一圈仙環（一個由蘑菇構成的圓圈）。進來的人們，有些永遠不見了，有些回來後才發現已經過了好久好久。就跟在冥界一樣，明智的做法是，不食用此間任何的食物或飲料——吃了或喝了的人們便永遠留在仙靈界。

上界

上界（upperworld）是一個神話般的界域，就能量而言在我們之上，它盈滿著至福的感覺。心智和靈性療癒可以在這裡進行，而且它是許多靈的家。

天界

古代凱爾特人相信，天空是一個浩瀚的世界，他們的神明居住在美麗的城市中。「諸天旋轉塔」（Turning Tower of the Heavens），又名「卡爾西迪」（*Caer Sidi*），它是一位人稱「布蘭」（Brān）的渡鴉神的住所。這個天界也是有魔力的鳥兒的家園，例如摩莉根（the Morrigan，譯註：凱爾特神話中掌管戰爭和死亡的三位女神之一）的渡鴉和烏鴉。

飛吧，漂亮的人啊

雖然本章涵蓋好幾則神話，但是每則故事中往往蘊含一絲真相。舉例來說，紐西蘭的考古學家，最近發現了存在一千年前的一隻巨鳥的證據，這必會證實毛利人的巨型老鷹傳說。同樣地，許多魔法修習者與西爾芙一起工作，而且直到今天，人們還持續遇見小仙子且在仙靈界進進出出。無論你是否偶然碰見這些存有和地方，它們全都大大動用想像力和靈。好好運用它們作為靈感，培養你與魔法的風元素的緣分。

3 風與神性

風元素神明可以擔任指路人，尤其是在你的風系魔法中。他們提供有細微差別的能量，協助你邁向目標。幾乎每一個歷史上著名的文明，都有統治風、空氣、暴風雨、天空的神明，許多這些神明被認為創造了宇宙、地球、人類生命。有時候，這些神明是他們的萬神殿的最高統治者，擁有的力量和權威，勝過大部分其他神明結合的力量和權威。他們明確地具體化現風元素的物理和靈性面向。本章也包含具有風元素個人特質的神明，包括掌管溝通、聰明、智慧、正義、真理等等的神明。

埃俄羅斯（Aeolus）

希臘掌管風的神明。四大方向的風神玻瑞阿斯、歐羅斯、諾托斯、澤費羅斯的指揮官。

阿瑪烏奈特（Amaunet）

埃及母神，掌管無形的風——大自然的宇宙原力。從黑暗的空無之中，她創造了十分強勁的風，這風強勁到這個宇宙和時間因此被誕生出來。她將生命的氣息吹進這個世界，創造了植物、動物、人類。埃及的統治者，召喚阿瑪烏奈特賜予他們智慧和優質的統治者地位，她的動物之一是鷹（hawk）。

阿蒙

阿蒙（Amun或Amon）：埃及男神，掌管太陽和空氣。在傳說後期，他也被認為與阿瑪烏奈特一起參與世界的創造，他們共同保護和調節神性智慧的存取。

安努

安努（An，又名 *Anu*）：蘇美男神，掌管天空和天國。他是眾神之王，統治著他的萬神殿。

阿波羅

希臘男神，掌管音樂、預言、知識、理性、詩歌。

阿拉・提歐提歐（Ara Tiotio）

毛利人的龍捲風男神，他操控具毀滅性的風和旋風。

阿斯塔蒂（Astarte）

迦南人（Canaanite，譯註：迦南 Canaan 是古代地區名稱，意指地中海東岸的沿海低地，相當於今日以色列、約旦河西岸、加薩，以及黎巴嫩和敘利亞的臨海部分）的愛與戰爭女神，被稱作「天后」（Queen of Heaven），她最愛的祭品是香。

雅典娜

希臘女神，掌管智慧、理性、藝術、手工藝、農業，她的名字的意思是風元素與神性的心智，她時常對人們談到他們的願景和夢想。她發明了長笛，而貓頭鷹是她的動物之一，她的羅馬版本是密涅瓦（Minerva）。

奧賽特

奧賽特（Au Set，希臘人稱她為「愛希絲」Isis）：埃及的母神，人稱「天后」。她被描繪成擁有多彩的鳥翼。奧賽特是古老之最，也是萬物生發的睿智女神。她擔任顧問和占卜者，她執行法律與正義。

阿依妲．韋多（Ayida Wedo）

巫毒教掌管天空、繁殖力、眾蛇的靈，彩虹代表她。

巴爾（Baal）

埃及的雷神，他的稱號包括「諸天之主」（Lord of the Heavens）以及「駕雲者」

（He Who Rides the Clouds）。

巴爾哈達

巴爾哈達（Ba'al Hadad，又名「巴爾沙明」*Baalshamin*）：迦南人的神，掌管雷聲、閃電、天空、空氣，他是他的萬神殿的王。

芭芭雅嘎（Baba Yaga）

斯拉夫民族的女巫，她拿著研缽和研杵在空中飛行。她與死亡有關，而且有一間安置在巨型雞腳上的小屋。

貝法娜（Befana）

義大利女巫，在每年的第一天之後，她騎著掃帚送糖和禮物給孩子們。

畢勾賣

畢勾賣（Bieg-Olmai，又名 *BiekaGalles*）：拉普人（Lapp，譯註：北歐民族之一）的

男神，操控風和風暴。他從他的地下洞穴將風鏟進鏟出，決定什麼季節會發生、什麼時候發生。他幫助水手，尤其是當水手迷路或遇到暴風雨的時候。他的形象常出現在由馴鹿皮製成的鼓上是其特色，其中某些這樣的作品可以追溯到西元前一百年。

布拉杜薇德（Blodeuwedd）

威爾斯人的泉水、鮮花、反叛女神，她與貓頭鷹和智慧有關。

玻瑞阿斯（Boreas）

希臘掌管寒冷北風的男神，也是冬天的使者。

布蘭（Brān）

凱爾特人「達南神族」（Tuatha Dé Dannan）的主神。他是一隻渡鴉，住在名為「諸天旋轉塔」或「卡爾西迪」的水塔裡，他在那裡守護著生命的大鍋。

布麗姬（Brigid）

凱爾特人「達南神族」的女神，掌管語言、靈感、詩歌等等。

凱莉琪（Cailleach）

蓋爾人（Gael，譯註：凱爾特人的一支）的天氣和冬天女神，她創造了山脈和山谷。她被描繪成一位有魔力的女巫。

卡爾迪亞

古羅馬女神，有時候被稱作「白女神」（White Goddess）。卡爾迪亞（Cardea）指揮四大風，她存在於四大風源起的軸心。她也是鉸鏈女神，因此可以打開關著的門，關上開著的門。她也能打開通向看不見的力道、神祕事物、魔法的途徑。

凱莉德雯（Cerridwen）

凱爾特人的女神，掌管聰明、靈感、知識、重生。

凱路斯（Coelus）

羅馬掌管天空的男神，相當於希臘男神烏拉諾斯。

多哥達（Dogoda）

波蘭男神，掌管風與慈悲。

埃埃卡特爾（Ehécatl）

阿茲特克人的男神，掌管不可見的、不可知的原力，包括愛與激情。他的名字可以翻譯成四大風，或是來自四個基本方位的風。他是羽蛇神奎查寇特的幾個面孔之一。

恩利爾（Enlil）

蘇美男神，掌管空氣、呼吸、風，他被譽為「空氣之主」（Lord Air）。

歐羅斯（Eurus）

希臘男神，掌管東風，帶來溫暖和雨水。

風婆婆

中國女神，又名「風夫人」（Madam Wind）。她是睿智的老媼女神，掌管空氣、風、暴風。她被描繪成一名老婦，騎著老虎，同時攜帶著一袋風。她負責世界上所有的風，從平靜的微風，到令人不快的暴風。人們認為，透過詮釋這些風，可以辨別風婆婆（Feng Po Po）的感受。

芙蘿拉

羅馬女神，掌管春天和花朵。

弗麗嘉

北歐女神，掌管智慧與先見之明，她是阿斯嘉特的皇后，也是一位技藝高超、懂得卜算未來的巫師。

日本風神

日本男神，掌管空氣和風，他被稱作「長息王子」（Prince of Long Breath）。

瓜班塞克斯（Guabancex）

加勒比海的風暴和颶風女神，人稱「諸風女士」（Lady of the Winds）。

赫密士

希臘奧林帕斯諸神的信使。他飛得跟思想一樣快，有雙翼裝飾他的鞋子、帽盔、手杖。赫密士（Hermes）被認為是希臘眾神殿內最聰明、最伶俐的一位，他經常用計謀打敗其他眾神，只因為他辦得到。他與亡者的靈一起前往冥界。據說他是一位迷人的音樂家，被認為發明七弦豎琴和牧羊人的笛子。墨丘利（Mercury）是羅馬版的赫密士。

荷勒

歐洲的天空女神，被譽為「女巫女王」（Queen of the Witches）、「諸天之后」（Queen of Heavens）、「聖母」（Our Lady）。荷勒（Holle）是有魔法的變形師，她乘坐馬車穿越銀河。她時常出現在旋風和暴風雪之中。她將靈吹入婦女的子宮中，藉此協助想要孩子的婦女。

荷魯斯（Horus）

埃及的天空男神，被描繪成隼頭人身，他被譽為「高高在上者」（The One Far Above），而且他是一位凶狠的保護者兼統治者。

胡拉康

胡拉康（Huracan，又名 *Hu-Rakan*）：阿茲特克／加勒比海男神，掌管風暴、狂風、颶風。

伊爾瑪利寧（Ilmarinen）

芬蘭與俄國男神，他創造了天空以及許多其他發明，他可以召喚四大風。

伊南娜（Inanna）

蘇美女神，時常被描繪成一名有鳥翅膀和鳥爪的女子，她掌管法律審訊和判決。她的動物之一是貓頭鷹。她後來變成與伊什塔爾（Ishtar）有關，伊什塔爾是阿卡德人（Akkadian，譯註：也是閃語族的一支，西元前二三三四年至二二一八年，曾於美索不達米亞地區建立人類史上第一個帝國，阿卡德帝國）的同類女神。

伊麗絲（Iris）

希臘的彩虹女神，也是奧林帕斯眾神的信使。這位有翼女神有能力乘著風四處旅行，她被認為是女版的赫密士。

雅努斯

羅馬男神，掌管開始與終結。雅努斯（Janus）有兩顆頭，可以同時看見過去和未來，他也是掌管運動、改變、旅程、出入口、大門、時間的男神。

朱彼特

羅馬男神，相當於希臘天神宙斯。朱彼特（Jupiter）是天空之神兼雷神，他也是他的眾神殿內的眾神之王。他的神廟沒有屋頂，所以天空隨時可見。

志那戸辨命（Kami-Shinatobe-no-Mikoto）

日本風之女神，她有明顯的角和犬齒。

級長津彥命（Kami-Shinatsuhiko-no-Mikoto）

日本風之男神。當他出生的時候，他的氣息十分強健，強健到驅散了遮蓋世界的厚厚烏雲，讓太陽照進來。

卡瑞

塞芒人（Semang，譯註：一支矮黑人民族，分布於馬來半島北部和泰國南部，被認為是馬來半島上最早的原住民，也是全世界體型最矮小的民族之一）的男神，他用一個字創造了宇宙，他統治法律、審判、風。他的聲音範圍遼闊，從隆隆的雷聲，到平靜的風吹過樹葉的聲音。卡瑞（Kari）也是北歐風神的名字。

喇阿毛毛（La'amaomao）

夏威夷的風之女神，她統治吹過島嶼的三十二種風，她將這些風保存在一只中空的葫蘆內。

力高爸（Legba）

海地巫毒教（Haitian Vodou）的靈，與音樂、黎明前的時刻、與靈溝通有關。力高爸知曉所有語言，將訊息傳送給眾神和諸靈。在任何典禮開始之前，他是人們第一位致敬的靈，而且他住在十字路口，這是改變和開始的象徵之地。

莉柏兒塔絲（Libertas）

羅馬的自由女神。在歷史上，她被描繪成拿著權杖，戴著帽子。現代版的她就像「自由女神像」一樣，描述形象為手持火把，拿著一本書。

魯格（Lugh）

凱爾特人的太陽神，與天空相關，他也是掌管魔法和詩歌的男神。

瑪麗

西班牙巴斯克人（Basque）的創造女神。瑪麗（Mari）住在一座山洞裡，掌管天氣。她被稱作「山中老婦」（Old Woman of the Mountain），有時候被人看見駕著小車在滿月的前方。當她創造風暴時，一則祝福正朝你而來，但是唯有當你吸引那則祝福朝你而來，祝福才會真正朝你而來。她的動物之一是渡鴉。她時常將自己變形成一隻鳥，為的是與人們溝通。

恩涅摩希妮（Mnemosyne）

希臘神話的泰坦（Titan）女神，掌管記憶。

奈特

埃及的天空之神。奈特（Neith）用織布機將世界編織成形，而且她每天誕生出太陽，她統治最上層和宇宙。奈特常被認為是女神，但是有些神話使用雌雄同體的語言。

寧利爾（Ninlil）

蘇美女神，掌管風、穀物、授粉。

尼約德（Njördr）

北歐男神，掌管風和天氣，他用陣陣強風和微風協助水手們。

諾托斯（Notus）

希臘男神，掌管炎熱的南風，而且帶來風暴。

努特（Nut）

埃及女神，掌管天空最靠近地球的部分。她保護死者，時常被描述成一名女子拱在地球上方，她是空氣男神「舒」的女兒。

奧芭塔拉（Obatalá）

海地巫毒教至高無上的靈，他們是雌雄同體的造物主神明，統治天空、心智、智力、平衡。

奧丁

奧丁（Odin，又名 *Woden*）：北歐男神，掌管空氣與天空。奧丁的氣息將生命賜給第一批人類。他被認為是所有北歐神明中最有智慧的，而且他將那份智慧和詩歌傳遞給人類。他的其中一個名字是「流浪者」（Wanderer），因為他遊遍許多世界。他也是魔法和靈感大師。奧丁有兩隻渡鴉，牠們的名字的意思是思想和記憶。在「狂獵」期間，他穿一身天藍色，騎著一匹飛馬。他與死去的戰士們的靈魂，一起居住在死後世界「瓦爾哈拉」（Valhalla）。

奧羅倫（Olorun）

巫毒教神靈，被譽為諸天國的統治者，他將生命的氣息吹進第一批人類。

烏拉諾斯（Ouranos）

希臘神話中掌管天空的泰坦神，他與蓋亞一起創造了地球，他在羅馬神話裡相當於凱路斯。

奧雅（Oyá）

海地巫毒教裡的靈，掌管風、天氣、改變、魔法，她守護墓地和冥界，帶著一把真理之劍。

波瑟芬妮（Persephone）

希臘的春天女神以及「冥后」（Queen of the Underworld）。當她從冥界回到地球上的時候，季節轉變成春天，百花盛開，將香氣釋放到空氣中。

菲墨

希臘的名聲女神。她的名字意譯是「說話」。菲墨（Pheme）被擬人化，成為一位有桂冠和喇叭的有翼女神。她進一步與人們溝通，藉此協助人們追求成名。不過，她卻是惡名昭彰的長舌婦，而且她活出了她的別名——謠言（Rumor）。雖然她的影響力可以協助某人，但是她一再重複的八卦，很可能毀滅對方，她是宙斯的信使。

奎查寇特（Quetzalcoatl）

中美洲的羽蛇神，掌管風和雨。他創造了世界和書籍，他因他的聰明和智慧而聞名。

日本雷神

日本的雷神（Rajin）。

塞莎特（Seshat）

埃及的寫作和書籍女神，她也與死者一起工作。

舒（Shu）

埃及男神，掌管空氣和生死攸關的氣息（或靈）。

斯特利伯格（Stribog）

斯拉夫民族的男神，掌管風、天空、空氣。

賽彌絲

希臘的泰坦女神，掌管正義、法律、神授的權利。她一手握劍，一手拿著稱量人類行為的天秤。她蒙住眼睛代表人人平等的概念，因為她沒有看見財富、階級或人種。因為她的劍，她將正義分發給配得正義的人們，削減某些人，以此補償其他人，而且當你欠生命債務的時候，就為生命服務。賽彌絲（Themis）坐在宙斯的寶座旁。今天，許多法庭上都有她的代表。她在羅馬神話中，相當於正義女神朱斯提提亞（Justitia）。

索爾

北歐雷神。他是正義的化身，擊倒惡人，在善人需要的時候保護善人。當索爾（Thor）用他的雷神之鎚砰地一聲敲擊敵人時，雷聲隆隆，閃電劃過。他是北歐諸神中最強壯的，能夠摧毀山脈。他乘著幾隻山羊拉著的車子劃過天際。

托特

埃及男神，掌管魔法、智慧、寫作、法律、音樂，他有時候被描繪成有顆朱鷺頭。托特（Thoth）寫下了所有神的文本，包括《亡靈書》（*Book of the Dead*）。

提爾（Tyr）

北歐男神，掌管正義，也是法律的執行者。

維約帕蒂斯（Vejopatis）

立陶宛的男神，掌管風，他也被譽為「天堂的主人」（the Master of Paradise）。

澤費羅斯（Zephrus）

希臘男神，掌管溫和的西風。

宙斯

希臘男神，他的頭銜包括「天空之主」（Lord of the Sky）、「雲朵採集者」（Cloud Gatherer）、「揮動雷霆的人」（Thunderbolt Wielder）。他是奧林帕斯眾神的父親，而且他的實力據說大過所有其他希臘男神和女神的力量總合。他的動物是老鷹，他也變形成天鵝。雖然宙斯（Zeus）因為他的許多花心幽會而聞名，但是某些這類故事其實是後人添加的。

與風的元素守護者一起進行保護儀式

人們不認為「風的元素守護者」（Elemental Guardians of Air）是神，但是他們非常接近神，因為他們比大部分的靈強大許多。風元素的統治者（或皇室階級）有幾個名稱，包括守護者（the Guardians）、看守者（the Watchers）、瞭望塔的守衛（the Keepers of the Watchtower）、統治者（the Rulers）、帕拉達（Paralda）。他們也被認為是死者的天使、「代蒙」（daimon）、開悟的靈，他們選擇了不轉世，而是選擇與人類及人類的欲望一起工作。他們可以有點像人形的星光或能量形式被看見。不管他們是什麼，他們都是威力強大、睿智、原始、永恆、純淨的能量。魔法修習者時常在畫結界圈的時候召喚他們，祈求他們的慈善和保護能量。

祈請「風的元素守護者」是許多魔法儀式的重要部分，許許多多的結界圈都是從某人召喚他們開始，然後繼續以順時針方式澈底完成其他元素。同樣地，當釋放元素的時候到了，這個過程從它被創建起來的方式倒退行，那意謂著，「風的元素守護者」最後一個離開。

為什麼「風的元素守護者」是最早出現、最後離開魔法圈的，原因有幾個。身為風精靈，他們是新的開始的發起者。他們啟動魔法圈及其魔法。他們促進與其他靈的連結，包括其他的元素守護者、我們摯愛的死者、神明。他們使我們的舌頭更加優雅，讓我們可以更輕鬆地溝通。他們啟發我們說對的話，因為說對的話將會重新創造這個世界。當我們將我們的魔法釋放到這個世界的時候，他們觸及魔法的風元素和能量之門（**energetic portal**），將我們的言語和願景，連結到這個世界的其餘部分，他們也保護魔法工作者免受傷害。

基於所有這些原因，「風的元素守護者」擔任許多魔法的初始嚮導，幫忙用絕對適合的意圖和靈形塑魔法。你召喚他們的能力，為這個儀式的風系面向以及許多其他面向奠定基調。從強大和灌注力量的召喚開始，確保你的魔法獲得更為全面的成功。

不管怎樣，你並不需要一個很大的儀式來召喚他們。你可以為了小小的魔法需求，或在你需要他們協助的任何時候祈請他們。當你需要保護時，他們是絕佳的盟友，尤其是附在某個善意的物體上搭便車，進入你的住屋的靈。因為「風的元素守護者」是擁有巨大力量的存有，他們總是會前來協助你。

若要召喚「風的元素守護者」提供保護，請面向東方或是你與風元素相關的另一個方向，或是簡單地面向天空。摒除雜念，深吸一口氣。聚焦在個人的、魔法的、物理的風元素特性。讓你的心智變得清明，感覺到幾個與風元素有對應關係的能量。要感覺到風元素的魔法能量、風、浩瀚天空的輕盈。將風元素視為一種原型的自然原力，視為一種比其他任何元素擁有更多空間的元素，視為一種元素精靈，視為一種振動。因為深呼吸，你讓自己敞開來迎接能量。當你具體化現風元素的振動時，你感覺到身體變得比較輕盈。要校正你的身體和你的脈輪，對準這個頻率。

為了祈請「風的元素守護者」，你不必大聲說話，然而，因為風元素是溝通的元素，運用口語的力量是恰當的。

風元素的守護者，
東方的靈們，
我召喚你們保護我的神聖魔法圈。
借給我你們的智慧，你們的清明思考，
你們的辨別和決定的能力，
以及你們與靈的界域的連結。

引導我的言語，提升我的魔法。
風元素的守護者，歡迎光臨！

等到感覺到他們的臨在，才開始後續動作。你可能會感覺到一股寒顫或某種微妙的能量轉換，你也可能會感覺到房間裡有某個臨在，好好執行你的魔法運作，當你的工作完成後，要釋放他們。

風元素的守護者，
東方的靈們，
感謝你們協助我的魔法工作
感謝你們保護我的神聖魔法圈。
我感謝你們的智慧、洞見、才能。
直到我們再次相見，再會。

＊＊＊＊

風元素的性別演化

艾略特．德瑞克特（Elliot Director）博士是位古怪的胖老爹兼巫師，與他的伴侶、小孩、貓咪一起住在美國俄亥俄州東北部。他寫作、教學，探討包容性別的、合乎道德的、反種族主義的巫術。艾略特也擔任客座撰稿人，在《神之路》（*Patheos*）網路媒體上他的部落格《超越二元巫術》（*Beyond Binary Witchcraft*）寫作。

四或五種古典元素（包括風元素在內）的「傳統」，有著悠久的歷史，從《吠陀》（*Vedas*）中討論的五大元素，到佛教哲學中的四大元素，到古希臘時期，這時候，元素們被再次認定是土、風、火、水。希臘人確立了關於溫度的元素對應關係，與熱度有關的元素是風元素和火元素。被感知成「主動的」，這兩個元素都被認定是陽性的。

後來，在十九世紀和二十世紀初期，「黃金黎明協會」的早期玄祕學家詳盡闡述，或記錄了關於魔法的廣泛實作和理論，其中一部分包括這些教導：風和火是陽性或「男性」元素，因為它們既主動又投射（例如相較於水，水被視為是被動而接受的）。後來的玄祕學家，包括傑拉德．加德納在內，部分仰賴這些教導，來詳盡闡述他們自己的理論，探討性別、元素、魔法之間的關係。

這種二元意識形態，在「威卡教」與「巫術」的基礎內變得根深柢固。

由於在一九七〇年代和一九八〇年代，「月神威卡」（Dianic Wicca 或 Dianic Witchcraft）的出現，以及愈來愈多的「多元性別」（LGBTQ）女巫和威卡教教徒（Wiccan）們公開見證，某些人開始挑戰一直主導既定巫術哲學的高度性別化的二元框架。到了一九九〇年代末期和二〇〇〇年代初期，女巫們開始公開挑戰一切都要分性別的做法，從工具到角色，再到元素本身。大約二〇一〇年代末期，大批的學術、神學、激進主義，造成了一種不再將元素性別化當作重點的巫術方法。這樣的方法為修習者創造了空間，使他們看見多重性別面向與元素們之間的相互關連性，或是完全跳脫，不思考元素與任何特定性別能量（以及巫術的許多其他面向）的關連。

近來，女巫或異教徒可能會欣然接受，夏天溫暖的風是天生女性的祝福，來自某位具女性氣質的神明，或是召喚風元素的力量，方便他們在書寫或運用創造力時得到賜福，承認這些是原始的體驗，既是主動的，也是被動的。對許多人來說，智力和創造的過程出現，不僅來自於熾熱、主動的想像力火花，也來自於涼爽、微醺的反思之風，兩者都是無價的禮物，可以促使我們請求得到風元素的賜福。

——艾略特・德瑞克特

****

前往某座風元素神明神廟的冥想之旅

我們在心智深處擁有浩瀚的宇宙和風景，有地方像沙漠、森林、海灘一樣狂野，也有地方像你兒時的家一樣熟悉。你曾經去過或想像過的任何地點，都包含在你的心智之中。這些典型的地方，代表我們自己在不同年齡和意識層次的星星點點，可以在靜心冥想期間造訪它們，進行療癒和自我實現。你可以邊閱讀本書邊進行這趟冥想之旅，也可以把過程錄下來，事後再播放給自己聽。

從加深你的呼吸開始。先用空氣填滿橫隔膜，再將空氣完全釋放出來。吸氣，持續你長久、量大的呼吸。在你的吸氣和呼氣之間暫停一下，屏住氣息片刻，繼續，讓你的思緒飛馳，感覺自己陷入一種美麗的心智出神狀態。

想到某位你想要遇見的風元素神明。在心中說出祂的名字。預想一下，這位神明在你心中是什麼模樣。回想起祂的象徵符號，感覺一下祂的能量。慢慢地，將你的能量轉換成比較像祂的能量。當你將你的細胞轉換成這位神明的頻率時，感覺一下你內在的改變和轉化。

現在，想像你正站在一棵巨大的老樹前方，老樹的樹枝高高向上，插入雲端。老樹的樹幹很寬，而且當你凝視著樹皮時，你注意到那裡有一道出入口。允許那扇門打開，向前走幾步，直到你進入樹幹為止。立即，你感覺到自己被舉起向上，飄浮著，彷彿一部電梯正在將你運送向上，步步高升。當你向上飄浮時，再次對自己說出那位神明的名字。

不久，你注意到你上方的樹幹裡有個開口。你飄得更高，穿過那個出入口踏出去。你發現自己就在你正在召喚的那位風元素神明的神廟外。注意地面看起來像什麼，注視著那座神廟看起來如何，注意這裡的天氣、風、色彩、當天的時間，以及那些氣味。如果感覺恰當，就踏進那座神廟。看著神廟裡的裝飾，看著設置在裡面的祭壇。從那個位置環顧四周的景色。好好探索這座神廟，真正地感覺到這位神明在那裡的能量和臨在。

當你準備好要與這位神明會面時，在心中說出這位神明的名字，請求祂蒞臨。當神明到達時，注意關於祂的一切事物，告訴祂你的名字以及你為什麼召喚祂。你可以請求得到祝福，請求得到協助，或是獻上香之類的供品，而且你可以用你的想像力點燃香。詢問神明是否有訊息給你，聆聽祂怎麼說。如果你願意，可以與這位神明聊聊，或是單純地與祂的能量交流。

當離開的時候到了，向這位神明和這個有魔力的地方表示感激，而且與他們告別。回到神廟外面，找到通向樹幹上有出入口的那條路。走進去，你感覺到輕輕地墜落，往回飄浮，向下，向下，再向下，直到你的雙腳接觸到地面為止。允許那棵樹幹的門打開，然後走出去。

用力吸一口氣，召回你的思緒。伸展一下，動動手指頭和腳趾頭，幫助你返回到你的身體，你可能想要寫下你與這位神明相遇的過程以及神廟的樣子。透過冥想，你可以隨時接觸到這座風系神廟和這位神明。如果你體驗到美好的經驗，不妨考慮定期拜訪他們，向他們學習並聽取他們的建議。

強大的風元素神明啊！

無論這些風元素神明統治風、正義、思想、創造、風暴或天空，他們都示範風元素的神性力量。他們的奇妙神話，啟發我們在這個世界中找到他們。如果你能夠在他們的自然棲息地找到他們，就像古代的異教徒那樣，你將會更接近他們，以及他們有裨益的臨在。下次你感覺到微風吹拂過你的肌膚，或是感覺到靈感流淌過你，或是感覺到你內在有股正義感攪動，請反問自己，是否是因為這些神明中的某一位。如果是，好好考慮更頻繁地與祂合作，獲得祂的洞見和智慧。

4

風之聖域

世界上有幾個地方是風元素的聖域，在某些這樣的地點，帷幕可能比較薄，空氣中可以感覺到瀰漫著「靈」。在其他地方，我們個人與風元素的連結被突顯出來。這份風之聖域清單，包括有形和無形的地方——從山脈到死者的安息地，再到客廳裡的神龕。

當我們歡慶這些風元素聖域對我們的影響時，就比較容易在想要的時候，隨時利用風元素的宏大力量。

展現風元素力量的地點

有時候，當我蒞臨一個地方時，我可以感覺到那裡有很強的風元素能量，彷彿一股有魔力的風，正吹拂和攪動著我的靈魂。無論這份感官覺受來自當地的風、美麗的香氣或某個靈性環境，毫無疑問，這些地方都是特殊的。許多這些風元素的聖地都是閾限的（liminal），意謂著，在不同地方之間的過渡空間，例如海濱，其他的風元素聖地，則強調風元素的個人面向，例如一所所大學。

這份清單，包含這個世界裡裡外外的一些最具風元素的地點。當你讀到這些風之聖域時，花些時間想像你在那裡，感覺一下那股風元素的能量和實力。在你內在靈應傳導它們的力量，想像你下次造訪這些地方時，可能會如何運用它們。

這些風元素的地點彼此截然不同，但是全都有一個共同點：風元素的力量充足。當你在生命中需要更多的風元素能量時，請充分利用它們。規劃一趟造訪其中一處的旅行。抵達後，花點時間感覺一下那裡的風元素能量，向它致敬。反問自己，這些地方的哪些風元素面向，在你內在產生火花——是個人的？靈性的？還是物理的面向呢？或許是某種組合？要好好利用那裡豐富的風元素能量，以你最希望的方式敞開自己，迎接改變，然後吸入有裨益的能量。

天空

很容易抬頭凝望浩瀚的天空，然後對從視野的一端延伸到另外一端幾乎無限的景象感到敬畏。天空的浩瀚與風元素擴展和振奮的力量有關——單是抬頭仰望的動作，就讓某些人感覺到更加正向。

天空的另一個風系面向是改變——這在天氣中最為明顯，天氣一定會從某個時刻轉移到下一個時刻。天空也攜帶著溝通的力量，它是訊息傳遞的完美媒介，無論是口頭說的話、電子郵件，還是你的魔法。旅行也發生在天空中，無論是一隻鳥還是一架飛機。最後，天空巨大、不可觸及的高度，展現了風元素的提升力量。

因為所有這些巨大的風元素力量，也難怪天空與靈性和神性有連結。天空的神明多不勝數，天空也是眾多神明的家。事實上，有許許多多的神明以天空為家，因此天空時常被尊為「天國」（the heavens）。

被架高提升的地點

山脈和丘陵，比周圍的土地更接近天空——因此，它們與空氣、天空、地球的力量相關。這些閾限之地是高度靈性的，而且時常風很大。與風和風元素神明合作的人們，勢必因為在那裡修行而受益；不管怎樣，各式各樣的神明，都與被架高提升的地點有關。

迦南人在山頂上為人稱「天后」的女神阿斯塔蒂，建造了神廟。他們為他們的神廟添加高大的柱子，這進一步提升他們的神性。同樣地，雅典城境內的「雅典娜」與勝利女神「妮基」（Nike）的神廟，也有一處被架高提升的敬神區。它們座落在雅典城的最高點，位於被稱作「雅典衛城」（Acropolis）的岩石露頭上。供奉阿波羅和「神諭」（Oracle）的神廟在希臘中部古城德爾菲（Delphi），也是高高座落在「帕納塞斯山」（Mount Parnassus）的山坡上。其他被架高提升的異教地方，包括「蒙馬特」（Montmartre）山區的「瑪爾斯神廟」（Temple of Mars），當然，還有希臘眾神的家園奧林帕斯山。

山脈、神性、靈之間的另一個連結是，事實上，某些女巫將它們用作安息日的星光會合點。她們在滿月時，以光譜的形式與其他靈和神明聚集。女巫們可能偏愛這些偏遠的地點，因為它們的閾限性（liminality），其他人無法接近，也因為它們是容易參照的位置。

人造的建築物

高聳入雲、巍然屹立的塔樓、摩天大樓、風車、雕像，令人嘆為觀止。它們展現出風元素的提升特性。許多這類建築物，也是邏輯和推理等心智力量的最高點，尤其是考慮到建造它們需要多少的思考、規劃、計算。在這份清單中的某些建築物，本質上也是靈性的。

這個類別的驚人實例之一，是俄羅斯的雕像「祖國母親在召喚」（The Motherland Calls）。想像一尊八十五公尺高的雕像，雕出一名身著希臘長袍的女子高舉著一把劍，另一隻手臂向後伸。她的嘴張開，彷彿有許多話要傳達。這座雕像用作死者的紀念碑——她的雙腳下躺著大約三萬五千名身分不詳的蘇聯士兵遺骸。

某些最好的結構，允許你爬樓梯或搭乘電梯，讓你可以更接近天空。假使你從來沒有參觀過摩天大樓、瞭望塔，乃至某座通到高樓層然後探出去俯瞰下方風景的「平原塔樓」（prairie tower），我非常鼓勵你去參觀一下。對許多人來說，俯瞰下方那種提升和客觀的感覺是相當令人陶醉的。其他可以這麼做的地方，包括中美洲的金字塔、艾菲爾鐵塔、聖路易拱門、西雅圖太空針塔、比薩斜塔、馬丘比丘、埃及金字塔，或是模仿羅馬女神莉柏兒塔絲建造的自由女神像。

多風的地方

世界上有幾個地方經常刮風。多風的地方，代表風元素的運動、改變、作用的品質。若要好好吹吹微風，不妨造訪某片海灘或某座大湖——當能量在水與陸地之間轉換時，在這些地點就生出風來。其他多風的地方，包括如上所述的丘陵和山脈，以及北緯和南緯五度到三十度之間的地區，那裡有信風（trade winds，譯註：信風，又稱貿易風，指的是在低空從亞熱帶高壓帶吹向赤道低壓帶的風）吹拂。

學校、學院、大學、圖書館

高等教育的領域，反映出風元素的心智面向，那裡有許許多多的學習、聰明、溝通、辨別、邏輯。甚至可能會有創造力和靈性，取決於建築物及其用途。

法庭

法律場所喚起風元素的溝通、辨別、審判的面向。邏輯辯論的原則、正義、法律，也得到力量的加持。許多法庭有正義女神／賽彌絲的圖像或雕像，她時常被描繪成戴著眼罩，拿著劍和天秤。

演奏廳和音樂會場

由於聲音和音樂在空氣中的迴響方式，音樂表演空間被認為是風系場所。如果這些地方在設計時考慮到聲學（acoustics），那麼來自舞台的聲音，可以被傳送到最後一排的觀眾，這些地方具體化現風元素的創造、邏輯、想像面向。

機場

機場有許許多多的改變、運動、旅行，因此機場沉浸在風元素的能量中。一班班的飛機將人們送上高空中，即使持續的時間不長。機場突顯出風元素的提升、旅行、易變的能量。一趟飛機行程，可以是操練某種微妙的風系魔法的絕佳地點，尤其如果你坐在靠窗的座位，可以眺望窗外的雲以及遠在下方的陸地。

靈性中心

寺廟、教堂、聖林、清真寺等靈性場所，由於它們的神性連結而與風元素連結。那些有高聳入雲的鐘樓和尖塔的靈性中心，擁有被架高提升的風元素對應關係。如果他們在典禮中使用鮮花、香、鐘鈴或音樂，可能會有額外的風系魔法。

瑜伽和靜心中心

在瑜伽和靜心中心，人們專注聚焦在呼吸。最好的瑜伽中心，鼓勵將呼吸與身體的運動連結起來，這就是印度單字 yoga（瑜伽）的含義。這種靜心式呼吸將靈與心智連結在一起，從而啟動更大的客觀感和自由感。如果將靈性、香、聲音或音樂，結合到他們的實務中，就會增加風元素能量的水平。

死者安息之地

無論死者在哪裡被敬拜，風元素的靈性面都在場。死者安息的地方包括公墓、墓園、作為墓穴使用的教堂地下室、陵墓、墳地、壁龕、骨灰安置所、神社。許多這些地方都建在比較高的位置，這也增加風元素的提升面向。之所以選擇高地，是因為與山谷相較，那些地方比較不可能被水淹沒，也因為高處與靈、天空、神性有著古老的關聯。這類墓地的實例之一，是愛爾蘭境內紐格蘭奇墓（Newgrange）的新石器時代墓塚，它的高度是三十六公尺。

最著名的死者安息地（儘管在地下），是「巴黎地下墓穴」（Catacombs of Paris）。在這些隧道和房間內，有無數的人骨和頭骨的藝術造形。

風的元素精靈界域

這個元素精靈層是靈居住的地方，也是我們可以星光形式飛過空中的地方。這個神聖的空間在許多方面與我們的空間重疊，但是它並不受限於我們世界的物理學。將我們的世界與風的元素精靈界域分隔開的帷幕，在某些地方比較薄，例如，在古代石圈中。同樣地，在某些時期，例如，薩溫節（Samhain）和貝爾丹火焰節（Beltane），世界各地每一個人的帷幕都變得比較薄。「風的元素精靈界域」可能也是眾神居住的地方，或者眾神也可能生活在風的元素精靈界域之外的某個界域，它展現出風元素的靈性面向以及思想的力量。

魔法圈

每當我們建立魔法圈的時候，我們就在世界之間創造一個以前從來不曾存在過的靈性空間。在這些閾限的場所內，我們與魔法的風元素緊密相連。我們的思想和言語，在那裡比在其他任何地方更有力量。我們邀請來到我們的魔法圈的靈，聆聽我們說的話，協助我們向四面八方傳達我們的渴望。在沒有靈的任何協助下，我們也可以利用「風的元素精靈界域」，將我們的思想和渴望傳達給這個世界。

除了風元素的靈性面向之外，在魔法圈內有風元素的許多其他力量。它是我們在生活中創造改變的地方。在魔法圈內時常使用風系工具，最為顯著的是用來建立這些魔法圈，例如儀式刀和魔杖，不過也可能使用烈酒。魔法圈也是練習幻視藝術（visionary art）和占卜藝術的最佳場所之一。

風系神龕和祭壇

更頻繁地與風元素連結的一大方法是，在你的住家或院子裡為風元素創造專用場所。這些可以採取多種形式，每一種形式都有它自己的有利面向。將你的風系神龕或祭壇，設置在對你的修行最有意義的任何方向。務必使用使你與風元素相關的物品，來攪動你內在的魔法。

風系神龕

與風元素連結的最佳方法之一，是建立一座風系神龕。一般來說，神龕是與某位神明、某位靈、你的祖先們，或幾位靈或神明相關的任何靈性空間。它們可以是任何大小，從小盒子到房間內的某個空間或整個房間。把神龕想成那股能量、那位神明或那位靈的住家。神龕時常用藝術品裝飾，可能是肖像，例如在某座靜心神殿的佛陀雕像，或是象徵性的標誌，例如赫卡特（Hekate 或 Hecate）的鑰匙。其他喚起那位靈的本質的物品，例如照片或傳家寶，也可以放在那裡。

神龕時常被叫做祭壇，但兩者其實是不一樣的。神龕比較像是感覺有魔法的地方，你在那裡與能量交流，而祭壇是你的魔法工作進行的地方。在神龕區的常見活動包括虔敬的活動，靜心、祈禱、交流。你可以用鮮花、食物或香的形式獻供。

建立風系神龕，是與風元素多多接觸的絕佳方式，它可能是如你所願地複雜或簡單。假使你偏愛極簡抽象的方法，那就只用一或兩樣圖像，例如，黃色的水彩畫或活動雕塑。這些簡單神龕的好處之一是，在一般人眼裡，藝術品是正常的東西。如果外人經常來訪，或是如果你與他人共享某個空間，這樣的做法是宜人的。

當然，你也可以反其道而行，使用許多物品。我的風系神龕是由一座書架的上兩層構成，有貓頭鷹的藝術品和女神雅典娜，一只插著羽毛的瓶子、香、香爐、白色和藍色的蠟燭、鈴鐺、蝴蝶翅膀、精油。我也把透明石英、魚眼石、紫水晶、綠玻隕石等水晶放在那裡，所有這些東西都代表風元素在我眼裡的感覺。

仔細考慮一下，你是否想要把你的神龕設在戶外？假使這座神龕，是獻給某位掌管天氣或風的神明、風元素的精靈們或小仙子們，這麼做尤其適合。將管鐘、緞帶、小雕像等耐風雨的物品，懸掛在空中，讓它顯得特殊。

另一項替代品是風元素的窗神龕，繫上緞帶、鈴鐺、彩色玻璃人物、小雕像、稜鏡，以及窗簾桿上的其他裝飾，營造出輕盈的風系感覺。採用半透明的窗簾，能夠看見陽光或月光穿透進來。窗神龕設在面對你與風元素相關的方向的窗戶時，效果尤其好。

主祭壇上代表風元素的工具

你的主祭壇是你的主要魔法工作進行的地方。主祭壇往往根據季節、節日或某個特定儀式裝飾。主祭壇還包含在大部分儀式中使用的魔法工具。以這種方式，它充當你的魔法工作檯。風系工具包括香、儀式刀和魔杖。在第五章和第六章中，可以找到更多關於風系工具的信息。

你的主祭壇可以位於你的儀式空間的中央區；然而，如果你與風元素特別有緣，或是你想要運用主祭壇來施展風系魔法，那就將主祭壇設置在你與風元素相關的任何方向。將它放在那裡增強你個人的溝通，也有助於靈的工作。

風系祭壇

就在我的風系神龕下方的架子上，有一個專門的區域，我將它用作風元素的祭壇。當我想要進行風系魔法而不使用任何其他元素時，這是一個方便的地方。我也用它來存放我的風系工具。把我的香和儀式刀放在那裡可以騰出主祭壇上的空間，方便其他東西擺放，它也讓我無須來來回回移動這些工具。

我用這個祭壇來儲存我所有的風系魔法，將某些東西放在那裡感覺就是對的，例如，用於溝通的魔法罐（spell jar）或用於改變的符咒袋（charm bag）。這些魔法用品為風系祭壇增添獨特的能量，而且所有這一切都可以同時用香重新進行能量加持。

每當你需要你的風系祭壇的能量時，便契入你的風系祭壇的能量。只要點燃一些香，召喚你需要的任何風系面向，然後深呼吸一下，從中汲取能量。

你的風系祭壇不必跟我的一樣複雜，應該要反映出你獨一無二的人格以及你的魔法。只要覺得對你的魔法需求和魔法空間來說是對的事，就好好執行吧！

香案

在某些文化中，香被保存在香的專用桌子裡，也在專用桌子上燒著。有一張屬於你的香的特殊桌子意謂著，你手邊總是什麼都有。關於香案（incense table）的另一件大事是，比較不會碰到餘燼。

不妨考慮使用一張高及腰部的香案，方便點香。選擇一張有架子或抽屜的香案，可以存放你的用品。在你的香案裡存放打火機、各種香、薰香炭、鉗子、香爐、大鍋或耐熱碗，以及你可能需要的其他任何東西，包括可以安全地接住凌亂灰燼的東西。這將減少它們的火災危害性，而且與祭壇布或桌子相較，清理起來容易許多。將你的香案放在你與風元素相關的方向，或是將它設置在神聖空間的入口附近，可以立即創造一種靈性的心態。

獻上風系祭壇或神龕的儀式

每當你在家中創建一處新的聖地時，最好有一場光儀式讓新聖地與你的目的連成一氣。你不需要為此劃定結界圈。你唯一需要做的是告訴新聖地你渴求什麼。這個儀式召喚「風元素的守護者」前來保護且運用某個目的，為這座祭壇增添能量。可以隨意改寫下列詞句，只要適合你的供奉儀式。

風元素的守護者們，
我請求祢賜福給這座祭壇／神龕

它被放置在東方，太陽和月亮升起的位置，
代表開始和光明，
呼吸與心智，智慧與溝通，
在這座祭壇／神龕上躺著那根貓頭鷹的羽毛，
在帶來智慧和手工藝的睿智雅典娜眼中，
貓頭鷹是最為神聖的動物。
我燃燒這香是為了向祢致敬以及懇求祢
賜福給這座風元素祭壇／神龕，
以及在這裡執行的所有風系魔法。
願我找到提升、辨別能力、點子、洞見，
以及許許多多，從現在直到永遠。
所願如是。

點燃一些香，讓煙霧飄蕩在祭壇或神龕上方。好好靜心，與臨在的能量交流，直到香完全燃盡為止。感謝這些靈，向祂們道別。

****

風元素祭壇

蘿拉・坦佩斯特・扎克洛夫（Laura Tempest Zakroff）是專職的藝術家、作家、舞蹈家、設計師、「現代傳統女巫」。她是暢銷書《編織閾限》（*Weave the Liminal*）與《符咒巫術》（*Sigil Witchery*）以及《女巫的大釜鍋》（*The Witch's Cauldron*）的作者，也是《女巫的祭壇》（*The Witch's Altar*）的共同作者。蘿拉為「神之路」（*Patheos*）與「女巫與異教徒」（*Witches & Pagans*）撰寫部落格，為「女巫年鑑有限」（*The Witches' Almanac, Ltd.*）撰稿，而且編輯了《全新的雅拉狄亞：女巫的魔法抗性手冊》（*The New Aradia : A Witch's Handbook to Magical Resistance*）。造訪她請至網址：www.LauraTempestZakroff.com。

有獻給元素精靈的祭壇，然後有運用某一種元素作為祭壇。前者歸類為神龕，因為焦點是向元素以及該元素相關的精靈致敬。後者聚焦在該元素就是祭壇本身，也就是：製作牲禮和祭品且得到轉化的關鍵。

風元素是看不見的奇蹟，而且它對有形事物具有決定性的影響。它是所有無形現象的本質，無論是被闡明過的還是尚未被解釋過的，我們都可以清楚地看見它與我們周圍世界的互動。我們看不見風，但是感覺到風，看見風吹動青草和樹上的葉子。我們知道風元素賦予我們生命——它是我們呼吸的空氣，也是我們的生存不可或缺的一部分。我們看不見它，但是因為它對我們有影響，我們知道它在那裡。它是必不可少的，讓所有其他元素可以發生。

作為祭壇，風元素是載體，也是分配者。它攜帶著我們放火焚燒的煙霧，以及芳香的香的煙雲上達天空和天界。許多文化相信，神、靈、祖先以祭品的煙霧，以及薰香和油品的香氣為食。風元素就跟風一樣，也將燔祭的顆粒和灰燼吹到地面的四個角落。我們也可以用自己的呼吸作為牲禮，付出我們自己、我們的本質。呼吸也可以充滿祭品之意，而且用它淨化和指路。

用風元素作為祭壇是相當容易的。你可以燒香、塗抹精油（塗抹，或使用暖油器或暖蠟器，使房間內布滿油或蠟的氣味）、使用芳香噴霧器或具滌淨作用的噴霧，或單純地將呼吸聚焦在某個物體或空間。這些在室內空間裡都非常有效，但是務必好好閱讀需要注意的事項。在戶外空間，如果你期待利用風的力量，可能需要多一點的規劃和運氣。你需要明白風從哪裡來，確保風可以觸及你工作的地方。

以下是一首運用風元素作為祭壇的讚美詩：

風元素的靈，呼吸的賜予者
風的編織者，天空的本質
請帶走我獻上的神聖祭品
它現在乘著你的雙翼飛翔！

——蘿拉・坦佩斯特・扎克洛夫

＊＊＊＊

神聖的風元素

關於風之聖域的文章，如果沒有提到風元素最為神奇的地方——你的身體，那就不算完整！你的呼吸、心智、靈，被安置在一具令人驚歎的有機體之中。你的身體是一具強大的存在體，促進你運用風系魔法。如果不管去哪裡，你都隨身攜帶對風元素的驚歎感，那麼你將會始終身在某個風之聖域。

第2部

風系魔法的涵蓋範圍

操練魔法是成為江湖郎中；

了解魔法是成為聖賢。

——伊利法．李維（Éliphas Lévi）

5 魔法中的風元素

自從魔法的風元素被構思出來後，哲學家、煉金術士、現代作家，就將某些特質與魔法的風元素關聯在一起。這些被稱作「對應關係」（correspondence），它們包括象徵符號、基本方位、時間、季節、行星等等。本章中的每一細項都舉例說明風元素，而且為你的風系魔法增添特定的能量。其中某些與個人的風元素起共鳴，某些與物理的風元素起共鳴，某些與魔法的風元素起共鳴。許多是其中兩種或所有三種的組合。本章更深入地真正了解風元素。

風元素的定理

風元素的定理是「知曉」（to know）：風元素的超常心智力，在渴望學習和完全理解方面是顯而易見的。「知曉」揭示了研究、尋找答案、假設、實驗、解決問題的意願。任何對真正知識的追求都承認，可能有莫大的勝利和成功，以及嘗試和失敗，因為唯有透過面對挑戰，我們才能獲得經驗的智慧。

象徵符號

在煉金術文本中，風元素被表示成一個直立三角形，有一條水平線穿過。它看起來像大寫字母A與一個三角形（改變的化學符號）的組合。這些反映了風元素的主要性質（字母表的第一個字母），以及風元素轉化的趨勢。

手勢

在某些傳統中，當在魔法運作中召喚風元素的時候，代表的手勢是：一手在空中，五指張開，彷彿要捕捉微風。

能量

風元素的能量是主動的、創始的、動態的、聚焦的、直接的、有能耐的、心智的、邏輯的、清晰看見的、清晰思考的、智力的。風元素總是在移動、行進、攪動，就好像追根究柢的心智中的思想，它是靈活、快速、新穎、易變、不穩定、樂於溝通的。單是思考風元素的能量，就應該感覺起來清新而振奮。風元素通常被認為是最輕的元素。儘管許多古代哲學家將風元素與寒冷關聯在一起，但是現在比較常將它視為與溫暖關聯在一起。風元素也與濕氣有關聯。

方向

古希臘煉金術士佐西默斯，是已知第一位將風與方向（南方）關聯在一起的人。然而，如今與風元素最有關聯的方向卻是東方，即太陽和月亮升起的位置。這很可能是由於來自十六世紀「以諾派魔法師」（Enochian Magician）的一個對應關係，它影響了「黃金黎明」，也促成了許多威卡教的傳統。

然而，其他人們使用風元素的其他方向。舉例來說，「傳統女巫」（Traditional Witches）將風元素與北方和冬季關聯在一起。已知南半球有許多人根據他們的地景，選擇與最有意義的任何方向關聯。

一天中的時間

風元素與黎明、清晨、太陽升起前的時刻、日出、正在上升的太陽相關。這些時刻被認為是一天的誕生，以及黑暗與光明之間的閾限變化。風元素的能量使這一天展開，讓一切重新開始，它具有新的開始、希望、能力、覺醒、光明、目標的力量。在美索不達米亞，符咒在太陽升起時被寫下，連結語言、東方、太陽、魔法。

季節

風元素在傳統上與春天相關，這是新的開始、重新啟動、希望的季節。它是在漫長、寒冷的冬天過後，鮮花再一次為大地增添光彩，使空氣中充滿香氣。春天是許多動物誕生新生命的時候，它也是自然而然地淨化、排毒、春季打掃的時間。與春天關聯在一起的魔法能量，是覺醒、繁殖力、療癒、魔法、新的開始、美麗、重生和更新、希望、青春、光明。

月相

許多人將風元素連接到上弦新月和前四分之一季度的月相，這可能是由於風元素的主動面向以及它擴展的傾向。

五感

嗅覺

嗅覺是最強的五感之一，而且它連接呼吸與心智。每當香氣被吸入時，它們直接進入邊緣系統（limbic system），這是大腦中負責直覺和本能反應的部分。因此，氣味喚起深度的記憶和情感。

聽覺

聲波以可以聽見的頻率在空氣中行進。聲音可以喚起強烈的感情——聽一首來自你生命中某個時期的歌曲，使你回到你在那個年紀的心態。

顏色

許多不同的顏色與風元素有關，八成多過任何其他元素，這些顏色被用於代表風元素在藝術、祭壇布、蠟燭、魔法運作之中。

黃色

這是一個常見的選擇，因為太陽的顏色被感知成黃色。可以使用從淡黃到金黃的任何黃色。

銀色

如果你偏愛月亮魔法且在夜晚進行魔法工作，那麼月亮的銀色是美麗的選項。

白色

白色是中性的光和雲的顏色。

藍色和紫色

這些顏色代表喉輪和眉心輪，藍色也是萬里無雲的天空的顏色。

洞見

古希臘醫生希波克拉底將流體與元素們關聯在一起：他將風元素與血液關聯在一起，因為它們都是既熱又濕。這是一個非常精明的洞見，尤其考慮到，由於每次呼吸時，氧分子進入肺部的微小毛細血管裡，毛細血管再將氧分子轉移到血液中，然後身體的心血管系統將氧分子散布到整個身體。血液也將二氧化碳（一種氣態廢物）輸送到肺部，讓我們將二氧化碳呼出。

占星術

某些魔法修習者觀察星星，如此方能在施展魔法時，與當時自然可用的能量連成一氣。每當太陽、月亮或行星在風象星座時，你都會得到額外劑量的風元素能量。風系魔法的特殊時期包括新月在風象星座，日蝕或月蝕在風象星座，兩顆或更多顆行星在風象星座合相，或是當風象行星呈六十度角時。

與風元素有關的星座

雙子座

這個愛交際的星座，有許多風元素的特性，包括與任何人談論任何事情的能力。它促進能言善道、風趣的能量，而且具有雙胞胎和二元性的力量。雙子座是變動星座（mutable sign）——它促使過渡變得順暢，幫助他人架橋銜接思考與感覺的差距。當相位良好時，雙子座是友善的、喜劇的、才華橫溢的。當相位不佳時，它是分裂的、對立的、無常的、銳利的。它是水星的風元素面向，在魔法中將它用於適應性、聰明、機智、心智力量、改變、人際關係、溝通。

天秤座

這個愛、和諧、藝術、美麗的星座，熱愛娛樂消遣和奉承諂媚。天秤座是基本星座（cardinal sign），意謂著它有利於開始或啟動項目。當相位良好時，天秤座是適應性強的、友善的、迷人的、好社交的、優雅的。當相位不佳時，它是優柔寡斷的、容易妥協的、共依存的。天秤座是金星的風元素面向，在魔法中將它用於平衡、吸引、浪漫、關係、合作、真理、美麗、正義、公平、和諧、優雅。

水瓶座

這個風象星座是人道主義者和理想主義者，它自然而然地超然於這個世界，更常與星星認同，但是同時，它渴求一個對全體來說比較美好的社會。水瓶座是固定星座（fixed sign），意謂著，它有利於維持能量且攜帶著能量前進。當相位良好時，水瓶座是有想像力的、聰穎的、理想主義的。當相位不佳時，它是迷糊的、冷漠的、格格不入的。它是天王星的風系面向，在魔法方面將它用於社群、創造、直覺、智慧、靈性、希望、獨立、慈善、聰明、療癒、和平。

與風元素有關的行星

水星

這個快速移動的行星，與男神赫密士有關，它的優勢包括溝通、聰明、創造、心智、適應性、速度、靈感、魔法、業務與金錢、預兆、冥界、智慧、旅行。

木星

木星被稱作「氣體巨星」（**gas giant**），它是我們的太陽系中最大的行星。由於它與宙斯的連結，因此它也與風元素相關。它的特色包括擴展性、財富、成功、權力、運氣、慷慨、直覺、領導力、機會、心智、靈性。

天王星

天王星是我們太陽系中最外層的行星之一，它以希臘的天空男神烏拉諾斯的名字命名，這顆星球與澈底的改變、靈感、自由、直覺、權力、野心、動機因素對應。

個人的風元素品質

好好思考與風元素的強烈個人關聯看起來像什麼，這可能是有用的。具有風元素的正向品質和特性的某人，勢必具有以下能力：

溝通交流

可以輕易地交換想法和信息的任何人，都具有溝通交流的天賦。他們運用寫作、講話、手語、其他溝通形式，有效而簡潔地表達自己。

聰明

聰明的人們重視學習經驗、研究、思考、理解、那些能力的應用，這包括能夠全神貫注，記住重要的信息。

辨別能力

在「資訊時代」，你幾乎可以學習任何東西，但是辨別能力是必要的，才能知道什麼是事實，什麼是虛構。辨別能力可以詮釋成運用判斷、分析信息、批判性思考的能力，這種品質接觸到問題的核心。

願景

想像、觀想、發明、夢想、創造的能力，被嚴重低估了。願景幫助領導者團結人們支持某項事業。它也可以帶領我們走上我們以前沒有探索過的新途徑。

智慧

來自嘗試錯誤、吸取教訓、經驗的知識被稱作「智慧」，它涉及聰明、辨別能力、靈性、記憶。

風系魔法工具

風系工具被用來滌淨、改變、切割、聚焦、溝通。雖然巫術不見得一定需要工具，但工具還是相當有用的。舉例來說，我無法想像，不用刀切蔬菜，或是用雙手而不是掃帚清潔地板。工具的魔法用途歷史悠久是有原因的——它們好用。

儀式刀、匕首、刀或劍

在巫術中，刀主要用於執行能量的切割。它們被用來切穿世界的結構，創造魔法圈。它們還被用於切斷將人們連結到地方或事物的能量牽絆。另一個用途是驅趕靈、召喚靈、在空中雕刻象徵符號和符咒。

刀也具有保護的風元素屬性——有一些趣聞軼事支持這點。刀在傳統上是由鋼之類的金屬製成，其中含有大量的鐵。你可能聽說過仙靈族不喜歡鐵或鋼的傳說。刀切穿風元素的能力可能是原因。同樣地，用刀劃出的結界圈，禁止未被邀請的靈進入，因為它們無法穿過結界圈。

魔杖

魔杖擁有悠久的魔法使用歷史，它們的主要功能之一是提升能量、指引靈、促進儀式流暢進行。就像指揮家擁有音樂家組成的管弦樂團一樣，在一場儀式中，揮舞著魔杖的某人，可以運用魔杖將大家的心智狀態投射到在場的那些靈。魔杖用來激起魔法圈中的空氣，這促使那些靈激動興奮，增加在場的能量總額。這協調在場的能量，允許儀式一起進行到高潮，也因為所有參與者感覺團結一致而深化儀式的作用。

魔杖也被用於將一個人的能量傳送到這個世界中。每當我對著風的元素精靈界域舉起魔杖時，我想像它正在觸碰在宇宙裡連結一切的無形網絡。魔杖指揮我們的能量，將我們的思想沿著那些揮出去的線發送出去，傳達我們的渴望。對於召喚可以協助完成你的魔法的靈來說，這尤其有用。

魔杖的其他常見用途包括：在每一個基本方位召喚元素守護者、建立魔法圈、驅趕靈、將能量導引到物體內。

魔杖和刀真的與火對應嗎？

根據傳統，魔杖和刀據說都是與火對應，而不是與風對應。事實證明，每一種說法都有令人信服的論據。

古代的巫術傳統，將魔杖與火元素關聯，而刀與風元素關聯。單是看塔羅牌就可以看見這份關聯性。中世紀晚期的以諾派煉金術士，以及黃金黎明協會，也使用了這些相同的對應能量。然而，二十世紀最重要的威卡教作家之一史考特·康寧漢（Scott Cunningham），卻顛倒了這些對應關係，將魔杖與風元素相關，儀式刀與火元素相關。

我們可以根據工具與風元素的自然關聯性，來評估每一項工具。仔細推敲魔杖與風元素對應的論點——很容易把魔杖想像成一根樹枝，高出地面，隨風飄揚，且鳥類可能已經在樹枝上休息，甚至可能已經在那裡築巢。

現在，且讓我們好好推敲刀與風元素對應的論點。刀子劃過空中，比魔杖更鋒利。刀的鋒利、切割的能力，涉及辨別能力和邏輯的風元素品質。同樣地，劍與掌管邏輯和智慧的風元素神明相關，例如賽彌絲和正義女神。

兩個論點就其本身而言，都是令人信服的，但是還有第三種選項——如果魔杖和刀都與風元素的能量對應，那該怎麼辨呢？當你使用它們的時候，有可能想到它們個別的風元素面向。好好使用兩項工具，搞清楚哪一項（或兩項）工具讓你感覺像風元素。如果你還不確定，那就使用代表風元素的香或另一項魔法工具。

棍棒

棍棒可以被想成是比較長版的魔杖，加上一些額外的屬性。除了魔杖的所有用途外，棍棒還被用來召喚冥界和上界。棍棒充當兩個或三個世界之間的導管，允許那股能量流入揮舞棍棒的人。以這種方式，它充當「世界之軸」（*axis mundi*）或世界之樹。棍棒也可以用於在土壤或沙子中畫魔法圈。

魔法掃帚

魔法掃帚，也叫做 besom，通常不與任何元素相關；不過，它們可以被視為風系工具，因為它們被用來清除空氣中負面和停滯的能量。某些歷史上用於滌淨目的的魔法掃帚，具有風元素對應關係。舉例來說，羅馬人用馬鞭草製成的掃帚清掃寺廟和祭壇周圍的空氣。在魔法掃帚中使用特定的植物，增加那股滌淨的能量。魔法掃帚和普通掃帚，也與星體投射和魔法飛行相關。

筆和紙

幾個古老的文化相信文字的力量。古埃及人相信，文字（以及圖像）影響了實際情況。他們把有力量的東西都寫下來，這更進一步再次肯定那股力量。**grammar**（文法；措辭）這個英文字（意思是語言的規則）擁有魔法的根源——它來自埃及字 *grimoire*（《魔法書》），這是一本魔法咒術書。

如果你想要增強你的文字的力量，請在儀式中使用比較威力強大的肯定語句，並且將肯定語句寫下來。你也可以花更多的時間撰寫日誌或「心魔之書」（Book of Shadows）。花時間把事情記下來，捕捉你的儀式和實務做法的精髓。組織一下你寫下的東西，讓你可以回頭再讀一遍，而且不僅要弄懂它們的意思，還要得到關於你的魔法如何編織成這幅更大畫面的智慧。

* * * *

風元素與塔羅牌

菲倪克絲‧勒菲（Phoenix LeFae）是孜孜不倦的知識追求者。她是「回收的巫術傳統」（Reclaiming Tradition of Witchcraft）、「阿瓦隆德魯伊教團」（Avalon Druid Order）、「加德納派威卡教」（Gardnerian Wicca）的靈修者。她是胡毒教修習者、職業女巫，也是美國加州塞瓦斯托波爾（Sebastopol）的祕傳女神商店「奶與蜂蜜」（Milk & Honey）的擁有者。她很樂於在美國、加拿大、澳大利亞境內教學和帶領儀式。菲倪克絲的著作包括《能被憶起的繼續留存》（*What Is Remembered Lives*）和《走在美中》（*Walking in Beauty*）。

風元素出現在塔羅牌之中，帶來所有正向的療癒品質，以及也屬於這個元素的所有混亂。塔羅牌的小阿爾克那（minor arcana）是四種元素的反映，有寶劍牌組（suit of swords）連結到風元素。寶劍的能量涉及溝通、思考、智力，這些牌卡往往連結到意識和思想。它們可以是心智狀態混亂的信號，或是需要更加釐清和思考某個特定情境的訊息。

寶劍牌組在塔羅牌解讀世界中聲名狼藉。人們往往將寶劍視為麻煩、困難、衝突的牌卡。寶劍牌卡可能暗示衝突、有權力動力的課題或改變。但是，寶劍往往是你需要更好的溝通或釐清的信號，也可能是你需要做出某些決定的信號。當許多寶劍出現在一次塔羅牌解讀中的時候，它可能表示需要釐清心智的鬥爭、恐懼或衝突。寶劍可能是挑戰即將到來的信號。大多數情況下，寶劍將會讓你看見，時候到了，該要更加覺察到你身邊正在發生的事，而不是什麼事都只看表面價值。

寶劍有雙刃，因此寶劍牌組的牌卡反映出智力與力量的平衡。能治癒的東西也能殺人——能傷人的東西也能斬斷不再有用的東西。而且因為寶劍也被連結到溝通，所以它們也指向言語的力量，以及言語如何提供清明、慰藉、衝突或痛苦。風元素是看不見的力道。它是不斷運動的，但是大多時候沒人注意。它可以是毀滅的力道，也可以是滌淨的微風。無論是哪一種，風元素的力量都是一種改變——而且這出現在塔羅牌中寶劍的關係中，包括整個寶劍牌組以及寶劍牌組以外的牌卡。

我們在塔羅牌中找到的風元素的力量，不只來自寶劍牌組中的牌卡。每個牌組的「一」（ace）都具有新的開始、改變、靈性事務的風系力量。這些力量在牌卡上往往被表現成從一陣風中出現的手，握住空中的寶劍（sword）、聖杯（cup）、錢幣

（pentacle）或權杖（wand）。大阿爾克那（major arcana）牌卡也充滿風元素的象徵意義。風元素是力量、心智規則、智力，而且這些訊息出現在幾張其他的牌卡中：

愚者

旅程的開始，第一步，黎明的能量。所有這些力量都被連結到東方，也因此被連結到風元素的力量。

魔法師

所有牌組的象徵意義，都反映在這張牌卡中。魔法師（The Magician）不是風元素的統治者，但是相當有能耐操縱所有這些元素。

皇帝

這張牌卡的插圖，顯示一位男性領袖坐在山崖邊的寶座上。他是終極的統治者，運用理性與思想作為他的嚮導。他是風元素力量的終極象徵。

正義

寶劍再次出現在這張牌卡的插圖中。寶劍的尖端朝上，一手握住，另一手拿著秤。這反映出寶劍的雙刃性，以及規則和後果。

審判

這張牌卡插圖中的風元素，顯示成由天使加百列（Gabriel）吹奏的號角。它是一種召喚、音樂、覺醒——風元素上攜帶的一切。聲音喚醒正在沉睡的人們，呼喚他們醒悟到更多的事。

世界

就跟魔法師一樣，「世界」（The World）嫻熟掌握著所有元素。這張牌卡的插圖顯示，一個人在世界上跳舞，身邊有四副牌組的象徵符號。他們已經達到了精通嫻熟，他們知道其中的奧祕，而且他們能夠運用四種元素一起煉金。

研習這些牌卡的訊息，可以更深入地理解風元素以及如何在自己的生活中與風元素一起運作。

——菲倪克絲・勒菲

＊＊＊＊

發揮你的魔法

將本章中的所有對應關係，想成協助你理解風元素的方法。一旦你明白風元素感覺起來像什麼，你將會更加直覺地理解，你該如何有意識和無意識地使用它。讓這些品質啟發你領悟到更高階的風系魔法。如果你想要與風元素建立強大的關聯，那就時常運用這些觀念和工具。

6

風系草本與植物性藥材

本章中植物的對應關係，等於是風元素的信使。它們是介於風的元素精靈界域與物質層面之間的能量導管，它們可以被用來幫你找到最適合你的風系魔法的精確能量。

與風元素對應的植物，往往有特定的外觀——它們的枝葉秀麗地展開在空中。植物以這種方式生長的傾向，顯示它們與風元素相處得多麼和諧。就好像它們想要伸出雙臂擁抱風元素。

本章提供與風元素對應的植物的傳統含義，你也會發現一些通常與其他元素相關的植物及含義。舉例來說，用於愛情魔法的植物被認為是與水元素對應，而促進身體健康的草本通常與土元素相關。探討這些元素明顯前後矛盾的最佳方法是，這裡列出的植物，可以創造適當的心態，允許那些品質顯化出來。由於啟動正確的心態，你邀請肉體的、情緒的、靈性的能量成形。換句話說，風元素啟動其他元素的品質，使它們開始存在。

部分這些植物可以製成草本浸劑或香，但是你不需要燃燒或食用它們即可收穫它們的好處。往往，單單是那個植物在場，並與它的靈交流，便足以獲得洞見。要設法坐在它旁邊，好好享受它的臨在。要交換能量並與它輕鬆對話。與植物能量一起運作的另一個方法是，隨身攜帶一小塊這樣的植物，或是將它放在你想要看見效果的地方。當然，將植物放在符咒袋或魔法罐裡也是有用的。

如果你在野外收割植物，請始終這麼做，務必好好確認身分，才不至於接觸或吃到有毒的植物。使用可靠的指南，來了解植物的適當識別法和準備法。採收時，只拿你需要的東西。務必為那棵植物留下適量的葉子和樹皮，讓它可以繼續生長，供應其他人們和動物。在食用不常用於烹飪或泡茶的植物之前，務必諮詢醫生或草藥師。

當你閱讀這份風系魔法植物清單時，好好想像你就在那個植物面前。如果它有香氣，就深吸一口氣，在你的腦海中喚起這種氣味。在靈性上與它接觸，好好感覺它在你內在喚起的能量。

植物

對魔法修習者來說，植物是強大的盟友。以下列出的植物，全都具有風元素屬性——某些協助溝通或心智清明，其他則具有保護和滌淨的作用，這反映出風元素使負面性離開的能力。這些植物有些促進改變，其他則具有靈性的面向。

仙鶴草

仙鶴草（agrimony，又名「龍牙草」，*Agrimonia gryposepala* 或 *A. striata*）：這種有高大的莖和金色花朵的植物，具有強力的保護作用，它能夠驅逐負面性和打破詛咒。它也對靈性療癒有好處。有些人們用仙鶴草來偵測女巫是否在場。若要找到志同道合的朋友，不妨將仙鶴草放在口袋裡，隨身攜帶。它與「密特拉斯」（Mithras，譯註：密特拉教的主神，該教於西元一世紀至四世紀盛行於羅馬帝國境內）有關。

洋茴香

洋茴香（anise，學名 *Pimpinella anisum*）：洋茴香是高大的風系植物，棕色的種子擁有甜蜜、辛辣的香氣。它防止夢魘，增強通靈和占卜能力，協助召喚靈。洋茴香也可以用於保護。洋茴香被連接到阿波羅、赫密士、墨丘利。

荷蘭菊

荷蘭菊（aster，學名 *Aster novi-belgii*）：荷蘭菊的英文名字是以星星命名的，看著它們輻射的花瓣，很容易明白它為什麼叫做 aster。這種植物很容易提升能量，促進內在的實力。荷蘭菊打開門路，推動過渡變遷，幫助重新啟動和新的開始。它也被認為是具有保護作用的植物——把荷蘭菊的花想成睜開的眼睛，時刻戒備警惕著負面能量。基於這個原因，許多女巫將它種植在自家周圍，作為天然防護。荷蘭菊與小仙子們和維納斯（Venus）有關。

蜂香薄荷

蜂香薄荷（bergamot，又名 bee balm，學名 *Monarda didyma*，或「野蜂香薄荷」*M. fistulosa*）：蜂香薄荷是一種芳香的草本，協助所有咒術的成功。它增加邏輯、和平、覺知、繁榮、運氣、好的能量。蜂香薄荷與蓋亞和波瑟芬妮有關。

假葉樹

假葉樹（butcher's broom，學名 *Ruscus asculeatus*）：這種常綠灌木的樹枝，在歷史上被用來製作小掃帚。用一支這樣的掃帚掃一掃你的魔法空間，可以在能量上滌淨和保護你的魔法空間。假葉樹也可以用於天氣魔法——將一根假葉樹樹枝拋向空中可以攪動風，而燃燒一根假葉樹樹枝可以使風逐漸消失。燃燒假葉樹樹枝有時候可以鎮定神經，也可以增強前瞻力。這種植物被連結到阿蒙、阿瑞斯（Ares，譯註：古希臘神話中的戰神）、朱彼特、瑪爾斯（Mars，譯註：羅馬神話中的繁殖與植物之神）。不宜將假葉樹與有毒的「金雀花叢」（broom shrub）搞混，後者開著黃色的花。

葛縷子

葛縷子（caraway，又名香芹籽、芷茴香，學名 *Carum carvi*）：葛縷子有芳香、可口的種子，防止負面性和盜竊。它們促進健康、愛、性慾、忠誠的功能，它們也增強心智能力，幫助記憶。葛縷子被連接到墨丘利。

菊苣

菊苣（chicory，學名 *Cicorium intybus*）：這種植物有高大的莖和四時常開花朵，幾乎什麼地方都可以生長。它擁有堅持不懈的魔法。它也用於成功，尤其是當機會不利於你的時候，它有解開門鎖，移除障礙的效能，這種植物與阿波羅有關。

三葉草

三葉草（clover，「紅三葉草」*Trifolium pretense* 或「白三葉草」*T. repens*）：三葉草是另一種幾乎隨處可見的植物。它通常有三片葉子，但是某些自然發生的基因突變，可以在同一根莖上生出四葉草和更多片葉子。有四片或更多片葉子的三葉草，啟動通靈力量和靈的工作。這種植物的花朵促進內部滌淨與整體健康。在魔法上，三葉草吸引財富、金錢、成功、實力、愛、保護、運氣、社會地位。對小仙子們來說，三葉草是神聖的植物，而且花時間與三葉草同在，有助於與小仙子溝通交流。三葉草被連接到「格薇狄昂」（Gwydion，譯註：凱爾特女神）。

紫草

紫草（Comfrey，又名 knitbone，學名 *Symphytum officianale*）：這種有寬闊、多毛

葉子以及紫色小花的矮胖植物，是療癒的發電站。它通常用作外用軟膏和泥敷劑，療癒傷口。紫草葉促進組織修復的功能，縮短瘀傷和扭傷的癒合時間。這種植物的療癒能力，為古希臘人所熟知，他們將紫草命名為sympho，意思是「聯合」。同樣地，凱爾特人稱紫草為「編骨草」（knitbone）。

在魔法上，紫草療癒問題的根源，以求糾正問題。紫草可以用於和解魔法，用來療癒關係和心智問題，以及找到心智的平靜。它也是絕佳的旅遊良伴，提供保護和繁榮。這種植物只能外用，因為它含有攝入體內可能會中毒的化學物質。紫草與赫卡特有關。

雛菊

雛菊（daisy，學名*Bellis perenis*，或「法國菊」*Chrysanthemum leucanthemum*）：雛菊有太陽般的花冠和白色的花瓣，輕易地喚起純真和幸福的感覺。它們提醒人們，生命有時候可能很美麗。雛菊使能量明亮起來，充當催化劑，促進連結。它們的能量啟發身心輕鬆、心智健康、簡單樸實。雛菊時常被用於財富魔法，也用來吸引愛情。雛菊連結到阿芙蘿黛蒂、阿緹蜜絲、小仙子們、芙蕾亞（Freya，譯註：北歐神話主管愛、戰爭、魔法的女神）、雷神索爾、維納斯、宙斯。

蒲公英

蒲公英（dandelion，學名 *Taraxacum officinale*）：蒲公英是花朵宛如太陽的植物，有能力生長在任何地方。它非常適合堅持不懈魔法，也可以用於復原力，以求快速前進。蒲公英帶來歡樂，緩和抑鬱。

當這朵花轉形成一簇蓬鬆的種子時，它在魔法工作中被用於協助改變、在過渡期間體驗到恩典、適應新的境遇。要許個願，同時盡你所能用盡力氣吹動那些種子，才能造成改變，帶來來自四面八方的成功。蒲公英的根促進保護、淨化、平衡、通靈能力、與靈共事的能力。蒲公英是布麗姬與赫卡特的聖物。

土木香

土木香（elecampane，學名 *Inula helenium*）：這種開著黃花的高大植物吸引愛情，而且被用於魔法保護。當土木香作為薰香燃燒時，它促進通靈力量，尤其是視覺的通靈力量，例如「凝視占卜」（scrying）。土木香是小仙子們和墨丘利的聖物。

小米草

小米草（**eyebright**，學名 *genus Euphrasia*）：小米草是有多色花朵的小型草本植物，它通常用於治療眼睛感染和過敏症狀。用小米草花製成的茶清理呼吸道，增強心智力量、記憶力、視覺通靈能力。它也增強幸福感，名副其實地活出它的命名來源：掌管喜悅和歡笑的希臘女神「優佛洛瑟妮」（Euphrosyne）。

甜茴香

甜茴香（**fennel**，學名 *Foeniculum vulgare*）：這種芳香草本的花朵和種子舒緩和提振精神。甜茴香時常調製成茶或直接咀嚼，以此促進消化道健康、治療泌尿功能失調、緩解經痛、增加母乳、改善口臭。盎格魯撒克遜人用它來避邪，古羅馬人用它來增加勇氣、長壽、實力。在魔法上，甜茴香用於保護、運氣，可以提振精神，也可以與上層脈輪們連結。它是阿多尼斯（**Adonis**，譯註：希臘男神，掌管植物每年死而復生）、戴歐尼修斯（**Dionysus**，譯註：古希臘神話中的酒神）、赫菲斯托斯（**Hephaestus**，譯註：古希臘神話中的火神和匠神）、奧丁、普羅米修斯的聖物。

葫蘆巴

葫蘆巴（**fenugreek**，學名 *Trigonella foenum-graecum*）：這種類似三葉草的植物產生芳香的黃色種子，這些種子常被用於金錢魔法，以及用來創造豐盛。這些種子也可以用於保護和療癒。葫蘆巴與阿波羅有關。

蕨類植物

蕨類植物（**fern**，「歐亞多足蕨」*Polypodium vulgare*）：這些有褶邊葉的植物，已經在沒有改變的情況下存活了億萬年。這些葉子被用於長壽、運氣、保護、財富、健康。燃燒蕨葉產生的煙霧驅除惡靈。歐亞多足蕨與小仙子們、卡瑪普阿（**Kamapua'a**，譯註：夏威夷男神）、墨丘利連結。

勿忘草屬

勿忘草屬（**forget-me-not**，學名 *Myosotis genus*）：這種勿忘草植物的美麗藍花，具有溫和、提振的能量。它們幫助各種心智力量，包括聚焦、記憶、心智健康。勿忘草屬校正對齊心智、身體、靈，藉此協助找到視角和簡明。勿忘草屬也用於愛情魔法和追求成功，勿忘草屬與波瑟芬妮和宙斯相關。

山羊豆

山羊豆（**Goat's Rue**，學名*Galega officinalis*）：又名「法國丁香」（**French lilac**）。有一簇簇紫色花的這種草本，被用於增強理性和邏輯等心智力量。它促進身體和情緒的療癒，也與伊亞（**Ea**，譯註：巴比倫男神）、法烏努斯（**Faunus**，譯註：羅馬宗教中的荒野、畜牧之神）、潘（**Pan**，譯註：希臘神話中的牧神）連結。

一枝黃花屬

一枝黃花屬（**goldenrod**，學名*Solidago genus*）：一枝黃花屬的名字，源自於它的高大綠莖末端形成的微小金色花朵。一枝黃花屬吸引金錢、運氣、成功、愛情，它也用於占卜，充當魔法的加速劑。它的花粉是常見的過敏原，隨風長途飄送——當你想要你的魔法散布得又遠又廣時，務必好好使用。一枝黃花屬與赫密士、赫絲提雅（**Hestia**，譯註：希臘神話中的爐灶女神）、因蒂（**Inti**，譯註：印加神話中的太陽神）連結。

崩大碗

崩大碗（gotu kola，學名*Centella asiatica*）：這種草本有扇形葉子，而且與香芹有關。它協助心智集中，為實現目標提供清明的心智途徑。它也能平靜心智，方便靜心冥想。崩大碗與賽克美特（Sekhmet，譯註：古埃及的戰爭和療癒女神）和夏克提（Shakti，譯註：印度宇宙初元的創造女神）相關。

啤酒花

啤酒花（hops，學名*Humulus lupulus*）：啤酒花灌木叢有美麗的綠色花毬，看起來好像它們會在微風中鳴響。有好幾種啤酒花，香味介於花香、苦味、甜味、臭味之間。這些花時常被用於製作啤酒，也被用在茶之中，可以治療神經及幫助安眠。啤酒花連接到小仙子和奧丁。

牛膝草

牛膝草（hyssop，又名「神香草」，學名*Hyssopus officinalis*）：這種小小的薄荷科灌木與淨化、束縛、保護有關，它也促進心智集中。牛膝草連結到朱彼特。

薰衣草

薰衣草（lavender，*Lavandula officinalis* 或 *L. angustifolia*）：薰衣草有深紫色的花朵矗立在高高的綠莖上，是一種眾所周知的有益草本，以其放鬆和靈性修復的力量而聞名。一陣薰衣草花的氣味，可以淨化、驅逐負面性、摒除雜念、緩解壓力。薰衣草提振精神，促進在靈性上超越的感覺。它充當天然的抗抑鬱劑，賦予更大的自信、自尊、情緒實力。薰衣草促進溝通交流，藉此協助愛和忠誠。將薰衣草當作薰香燃燒時，它有助於占卜，它也被用於誘導睡眠，幫助解決消化和呼吸問題。

薰衣草油通常用於賜福時和典禮中，使靈修者敞開來接受神和靈，它連結人們與他們的直覺和人生目的。古埃及人和希臘人經常使用薰衣草，更早的文化很可能也這麼做。在能量上，薰衣草與頂輪和眉心輪相關。薰衣草也與小仙子們、赫卡特、薩圖恩（Saturn，譯註：羅馬神話中的農業之神）和維斯塔（Vesta，譯註：羅馬神話中的爐灶、家庭女神）相關。

檸檬草

檸檬草（lemongrass，學名 *Cymbopogon citratus*）：這種檸檬味的青草常用於食物中，可以增添獨特的風味，它促進心智集中、通靈能力、占卜、強烈的欲望。

馬鬱蘭

馬鬱蘭（marjoram，學名 *Origanum majorana*，或「野馬鬱蘭」*O. vulgare*）：馬鬱蘭是一種葉狀的、令人溫暖的、抗菌的草本植物，類似牛至（oregano），但是溫和許多，它的葉子被用作興奮劑和祛痰劑。古埃及人用它來鎮定發燒、神經、頭痛，也用它來刺激消化。古希臘人用這種植物製作花環，送給新婚夫婦，當作一種祈求生育力、愛、快樂的祝福。馬鬱蘭被用於扎根接地、療癒、社會地位、保護、健康、慈悲。馬鬱蘭連結到阿芙蘿黛蒂和維納斯。

乳香黃連木

乳香黃連木（mastic，學名 *Pistacia lentiscus*）：乳香黃連木是一種常綠灌木，葉子和漿果，可以將對的事物和人們吸引到你面前，尤其如果你正在尋找愛情或朋友。將乳香黃連木的樹脂當作薰香燃燒，可以祈求通靈能力以及與靈連結。乳香黃連木與墨丘利相關。

薄荷

薄荷（mint，學名 *genus Mentha*）：薄荷有兩千多種，包括辣薄荷（peppermint）、留蘭香（spearmint）、巧克力薄荷（chocolate mint）、水薄荷（water mint）、鳳梨薄荷（pineapple mint）。它是許多花園裡常見的多年生草本植物，通常有筆直的莖和彼此相對排列的深綠色葉子。

薄荷的魔法，是關於將當前的情境轉化成為更好的東西。它擊退負面性、撫慰神經、協助療癒和健康，它也對抗抑鬱、壓力、憤怒。用這種植物製成的茶，可以治療消化問題、緩解發燒症狀。薄荷清除頭痛，增強心智集中。它是絕佳的草本，用於繁榮、淨化、社會地位、愛、生育力、財富、旅行、成功魔法。某些薄荷品種（包括辣薄荷在內）誘發通靈能力。薄荷與普路托（Pluto，譯註：羅馬神話中的冥王）、維納斯、宙斯有關。

槲寄生

槲寄生（mistletoe，Viscum album 或 *Phoradendron flavescens*）：槲寄生是有毒的常綠灌木，有紅色或白色漿果。它是一種寄生植物，從它在其上生長的不管什麼樹木汲取生命。因為它不完全屬於土元素或風元素，它被認為是一種閾限植物，存在於狀態之間，傳統上，槲寄生用來清除舊年的負面能量，迎進新的一年。槲寄生在魔法中用於繁殖力、狩獵、保護、愛。在槲寄生之下的吻，被認為可以保證永恆的愛情。這種植物也增強正向溝通、美好的夢、自信。槲寄生與阿麗安蘿德（Arianrhod，譯註：威爾斯神話中的人物）、阿斯克勒庇俄斯（Asclepius，譯註：古希臘神話的醫神）、巴爾德（Balder，譯註：北歐神話中的男神）、小仙子們、芙蕾亞、朱彼特、洛基（Loki，譯註：北歐神話中的男神）、奧丁、維納斯、宙斯連結。

艾蒿

艾蒿（mugwort，「北艾」*Artemisia vulgaris* 或 *A. argenteum*）：這種有帶齒葉子和白色小花的苦味草本，幾乎遍布世界各地。艾蒿是一種深度靈性的植物，它開啟眉心輪且激發星體投射、直覺、預言能力、清醒夢、願景。從至少中世紀時期開始，艾蒿一直被用來釀造啤酒，而水手們吸艾蒿的煙，把它當作溫和的迷幻劑，稍解長途航海過程的煩悶。艾蒿驅趕邪靈，促進與指導靈的溝通。艾蒿的其他魔法用途，包括智慧、實力、健康、療癒、創造力。當它被當作薰香燃燒時，香氣有益於占卜。艾蒿是阿緹蜜絲、黛安娜、赫卡特、奧丁的聖物。

肉荳蔻

肉荳蔻（Nutmeg，學名 *Myristica fragrans*）：理論上，諾斯特拉達穆斯（Nostradamus，譯註：西元一五〇三年至一五六六年，法國猶太裔預言家）使用肉荳蔻和其他草本，來占卜和祈求通靈能力。肉荳蔻源自於東南亞的熱帶島嶼，其辛辣、溫暖的香氣，時常出現在南瓜派和「茶香料」（chai spice）餅乾等烘焙食品中。肉荳蔻鎮定神經，緩解失眠和消化問題。肉荳蔻是帶來幸運的草本，它提升幸福感，驅逐負面性。它賦予更大的自信、專注、重新開始、財富、藝術、力量。肉荳蔻是輕微的迷幻劑，也具有靈性面向，它促進星體投射，更進一步與直覺、清醒夢、願景、占卜連結。肉荳蔻皮（mace）是一種由肉荳蔻種子的外皮製成的香料，可以當作薰香燃燒，以求增加通靈能力且使心智敏銳。要避免攝入大劑量的肉荳蔻和肉荳蔻皮，那樣可能會中毒。肉荳蔻是韓國門神（Munsin）和海地巫毒之靈奧雅的聖物。

香芹

香芹（parsley，學名 *Petroselinum crispum*）：香芹是一種綠色多葉草本植物，遍布歐洲和美洲。古希臘人將它編成花環，讓獲勝的運動員熠熠生輝，而古羅馬人佩戴一小枝香芹，保護他們免於死亡，但是這種草本也與死亡和葬禮有關。它是一種全方位促進健康的草本。在魔法上，它被用於權力、財富、激情、社會地位、實力、占卜、淨化、滌淨。它與希臘英雄阿克莫魯斯（Archemorus）有關，據說他甚至跑得比死亡還快。當他最終去世時，香芹在他的血液滴下的地方冒出來。香芹是波瑟芬妮的聖物。

迷迭香

迷迭香（rosemary，學名 *Rosemarinus officinalis*）：這種芳香、氣味清新、有紫色花朵的灌木，幫助記憶力和智力，它被認為是最早用作薰香的植物之一。古羅馬人也常在他們的寺廟中焚燒迷迭香。迷迭香與小仙子們、赫絲提雅、芮艾儂（Rhiannon，譯註：威爾斯女神）、宙斯有關。

鼠尾草

鼠尾草（**sage**，「藥用鼠尾草」*Salvia officinalis* 或「西班牙鼠尾草」*S. lavandulifolia*）：這種來自薄荷科的草本植物，提供通向心智清明和智慧的門路。鼠尾草放大內在的聲音和直覺，它提升、滌淨、啟動較高脈輪和較低脈輪，創造寧靜以及一種腳踏實地的開悟。鼠尾草可以用於金錢魔法和移除能量阻塞。燃燒鼠尾草常是基於占卜目的和提供保護，尤其是防止靈入侵。鼠尾草與祖先靈、雅典娜、蓋亞、芮艾儂、朱彼特有關。

琉璃苣

琉璃苣（**starflower**，又名 **borage**，學名 *Borago officinalis*）：琉璃苣是以它一簇簇美麗、下垂的藍色花命名的。古希臘人用它釀造水果酒，它被認為是《奧德賽》中提到的「健忘酒」的祕密成分。**borage**（琉璃苣）的名字源自凱爾特文字 **borrach**，意思是勇氣。在出發去作戰之前，中世紀的村民，基於那份勇氣而為騎士們獻上琉璃苣花。琉璃苣可以用來鎮定神經、協助心靈覺察、建立更強大的意志，也用於保護。琉璃苣與繆思（**muse**）卡利俄佩（**Calliope**）有關。

夏香薄荷

夏香薄荷（**summer savory**，學名 *Satureja hortensis*）：這種有細細的莖和嬌嫩葉子的芬芳綠色草本，增強專注力且促進洞察力，藉此協助心智能力。夏香薄荷被連結到巴克斯（**Bacchus**，譯註：古羅馬人的酒神）、潘、墨丘利。

百里香

百里香（**thyme**，「普通百里香」*Thymus vulgaris* 或「鋪地百里香」*T. serpyllum*）：這種小型灌木有微小、芳香的葉子，可以驅蟲且有抗真菌和抗細菌的屬性。它促進健康，緩解感冒症狀。在魔法方面，百里香以類似的方式起作用——它滌淨心智，摧毀無用的想法和感覺。百里香幫助你成為你的真實自我，找到你的靈魂召喚。它也具有心靈屬性，可以增強直覺。當作為薰香燃燒時，它淨化和滌淨空間，有助於占卜，也促進與指導靈和小仙子們的溝通。百里香是赫絲提雅和奧丁的聖物。

中亞苦蒿

中亞苦蒿（**wormwood**，學名 *Artemisia absinthium*）：這種植物有高大的銀色葉

子，是苦艾酒（absinthe）的主要調味料。中亞苦蒿增強靈視力（clairvoyance）和通靈能力，帶來改變，增強一個人的力量。它也用於愛情魔法，通常燃燒中亞苦蒿以求好運。大劑量的中亞苦蒿是有毒的。中亞苦蒿與阿緹蜜絲、凱隆（Chiron，譯註：希臘神話中著名的賢人）、黛安娜、小仙子們、赫卡特、伊麗絲有關。

馬鞭草

馬鞭草（vervain，又名verbena，學名*Verbena officinalis*）：馬鞭草有一簇簇紫色的小花，被稱作魔法師的草本。就跟薄荷一樣，馬鞭草有好幾種，最常見的是檸檬馬鞭草。德魯伊教僧侶在儀式期間戴著由馬鞭草製成的王冠，提供魔法保護。羅馬的祭司和女祭司用馬鞭草製成掃帚，用來清掃寺廟和祭壇。馬鞭草常被製成茶，用來緩解頭痛和促進放鬆，它驅除昆蟲、幫助消化、治療抑鬱症。

在魔法上，它是一種很好的全方位植物。它提振情緒，提升能量的振動。它增強直覺、運氣、靈感、藝術能力、財富、學習、豐盛、愛、生育力、和平、保護、療癒、內在實力，它也可以用於占卜和吸引靈。馬鞭草是小仙子們的聖物——如果在沐浴水中加入馬鞭草茶，你將會夢見小仙子們。馬鞭草與凱莉德雯、狄蜜特、黛安娜、艾波娜

（Epona，譯註：凱爾特與羅馬神話中的女神）、赫密士、愛希絲、朱彼特、朱諾（Juno，譯註：羅馬神話中的天后）、瑪爾斯、墨丘利、波瑟芬妮、雷神索爾、維納斯有關。

蓍草

蓍草（yarrow，學名 *Achilleamille folium*）：這個菊科（aster family）成員開出一簇簇高高的小白花。蓍草是具有保護作用的草本，它促使能量轉變成為和平、更高的振動，藉此緩解抑鬱的感覺。它被用於愛情魔法、變身、占卜靈魂的道路、預知。蓍草的花可以治癒傷口，甚至據說可以止血，將蓍草當作薰香燃燒可以引發出神狀態。蓍草與科爾努諾斯（Cernunnos，譯註：凱爾特神話中的男神）和小仙子們連結。

樹木

許多異教信仰相信，樹木是古老的靈，擁有莫大的智慧和力量。假如你重視智力、溝通、學習、靈的工作，勝過其他魔法目的，不妨考慮使用本節中提到的任何一種樹木製成的魔杖。幾乎樹木的每一個部分，都可以用於魔法工作或製成薰香，包括樹葉、花朵、漿果、種子、木材、樹皮（當然，有毒的樹木除外）。

假使你想要從某棵樹上收割用於你的魔法的任何東西，請始終在這麼做的時候對樹木的靈心懷崇敬。明智的做法是，遵照常見的民俗，向那棵樹詢問三遍且每一遍都得到肯定的回答，才能確保你得到那棵樹的許可。不妨考慮以水作為送給那棵樹的交換禮物。

阿拉伯金合歡

阿拉伯金合歡（**acacia**，學名 *Acacia arabica*）：阿拉伯金合歡樹原產於熱帶地區，來自阿拉伯金合歡樹的芳香木材，時常被用於神聖之火。它具有高度的保護作用，對於涉及金錢和友誼的魔法非常有用。阿拉伯金合歡的樹汁叫做「阿拉伯樹脂」（**gum arabic**），可以製造宜人、芬芳的香，用於滌淨、心靈工作、靈性。這種喬木是阿斯塔蒂、黛安娜、伊什塔爾、克里希納（**Krishna**，譯註：婆羅門教、印度教的主要神明，或譯為黑天、奎師那）、歐西里斯（**Osiris**，譯註：埃及神話中的冥王）的聖樹。

蘋果樹

蘋果樹（apple，學名 *Malus domestica*）：這種喬木往往被稱作死後世界與彼岸世界之樹，它也與挑戰、創造力、成功、財富、權力、魔法、占卜相關。蘋果樹與阿芙蘿黛蒂、阿波羅、芭德布（Badb，譯註：愛爾蘭的女戰神）、凱莉琪、黛安娜、厄洛斯（Eros，譯註：希臘神話中的愛與情慾男神）、小仙子們、芙蘿拉、芙蕾亞、希拉（Hera，譯註：希臘神話中的天后）、伊登（Idunn，譯註：北歐神話中的女神）、魯格、馬布（Mabon，譯註：威爾斯神話中的男神）、瑪查（Macha，譯註：凱爾特神話中的命運與戰爭三女神之一）、瑪納南（Manannan，譯註：凱爾特神話中的海神）、波摩娜（Pomona，譯註：羅馬神話中的森林女神）、芮艾儂、維納斯、維爾圖努斯（Vertumnus，譯註：羅馬神話中負責四季變化與植物生長的男神）、宙斯連接。

顫楊

顫楊（aspen，學名 *Populus tremuloides*）：顫楊是一種有白色樹皮和心形樹葉的楊屬樹木。它有助於溝通，尤其是情緒的交流。它增強敏感度以及與直覺的連結。顫楊也保護冥界且與冥界有關。這種樹與阿波羅、達奴（Danu，譯註：凱爾特神話中的女神）、弗麗嘉、蓋亞、赫卡特、赫密士、摩莉根、奧丁、波瑟芬妮、宙斯連結。

孟加拉榕

孟加拉榕（**banyan fig**，學名*Ficus benghalensis*）：孟加拉榕是一種美麗、蔓生的喬木，又名「菩提樹」（**Bodhi tree**）。它與覺醒、開悟、魔法、學習、智慧、冥界、死亡、靈性有關。孟加拉榕與梵天（**Brahma**，譯註：印度教三大主神之一，主掌「創造」）、克里希納、濕婆（**Shiva**，譯註：印度教三大主神之一，主掌「毀滅」）、毗濕奴（**Vishnu**，譯註：印度教三大主神之一，主管「維護」）、閻摩（**Yama**，譯註：印度神話中的冥界之神）連接。

月桂樹

月桂樹（**bay laurel**，學名*Laurus nobilis*）：月桂樹是常綠灌木或喬木，有助於心靈工作，包括占卜、願景、靈視力、夢的工作、預言、預兆，它驅逐負面性，帶來清明、和平、力量。月桂也與小仙子們和天氣魔法有關，人們常將它的葉子當作祭品燃燒。與月桂樹有關的神明是：阿多尼斯、阿波羅、阿緹蜜絲、阿斯克勒庇俄斯、巴爾德、克瑞斯（Ceres，譯註：羅馬神話中的農業和豐收女神）、科爾努諾斯、戴歐尼修斯、菲特斯（Fides，譯註：羅馬神話的忠誠女神）、蓋亞、赫利俄斯（Helios，譯註：希臘神話的第一代太陽神）、克里希納、瑪爾斯、埃及太陽神「拉」。

安息香樹

安息香樹（benzoin，學名 *Styrax benzoin*）：這種高大的印尼喬木有嬌弱的白花。來自這種樹木的樹脂常被當作薰香燃燒，它有股芳香的甜味，幾乎跟香草（vanilla）一樣的香氣。安息香樹的煙移除停滯的能量，淨化空間，它也被用於繁榮魔法。

雪松

雪松（cedar，「黎巴嫩雪松」*Cedrus libani* 或「北非雪松」*Cedrus atlantica*）：這種芳香的常綠巨樹，輕而易舉地清除負面性且增強運氣，尤其是在它被當作薰香燃燒時。在魔法方面，它促進實力、和平、占卜、靈的工作。雪松被連接到神明埃吉爾（Aegir，譯註：北歐神話中的海神）、阿麗安蘿德、阿緹蜜絲、阿斯塔蒂、巴爾、布麗姬、伊亞、恩基（Enki，譯註：蘇美神話中的水神）、奧丁、歐西里斯、波瑟芬妮、太陽神

「拉」。

酸蘋果樹

酸蘋果樹（crabapple，學名 *genus Malus*）：這種喬木的白色和粉紅色花朵，治癒頭腦中重複的想法和抑鬱症。酸蘋果花溫和地移除外在的期望，促進自我接納、自愛、自我價值，它們也徐徐灌輸對生命的更大讚賞。酸蘋果樹與奧丁、妮妙（Nimue，譯註：亞瑟王傳說中的湖中妖女之一），以及連接到蘋果樹的諸位神明有關。

接骨木

接骨木（elder，學名 *Sambucus canadensis*）：也稱作女巫木（Witchwood）、女巫樹（the Witch's Tree）、小仙子樹（the Fairy Tree）。喬木或灌木接骨木，幾乎一年四季都引人注目，具有少女、母親、老媼的特徵。每年春天，它開出美麗的白色花簇，花朵的數量幾乎比葉子還多。

在魔法方面，接骨木用於保護、慈悲、成長、繁榮、療癒、忠誠、社會地位、財富、和平、溝通、智慧，它們也可以增強通靈能力、靈性、占卜的能力。接骨木是柏曲塔（**Berchta** 或 **Bertha**，譯註：阿爾卑斯山區的女神）、波安（**Boann**，譯註：愛爾蘭境內的河流女神）、凱莉琪、達格達（**the Dagda**，譯註：凱爾特神話的眾神之父）、達奴、小仙子們、芙蕾亞、弗雷（**Freyr**，譯註：北歐神話中掌管豐饒的男神）、蓋亞、赫爾（**Hel**，譯註：北歐神話的死亡女神）、荷勒、麗婭（**Rhea**，譯註：古希臘神話十二泰坦神之一，第二代天后）、維納斯、伏爾甘（**Vulcan**，譯註：羅馬神話中的火神）的聖樹。

桉樹

桉樹（eucalyptus，「斜葉桉」*Eucalyptus obliqua*）：桉樹原生於澳大利亞，有木質的莖以及薄荷醇（menthol）香氣的葉子。它能敞開鼻竇，治療疾病的症狀，而且驅蟲。在魔法方面，桉葉用於淨化、保護、健康、療癒。桉樹與墨丘利有關。

冷杉

冷杉（fir，「太平洋銀冷杉」*Abies amabilis*、「香脂冷杉」*A. balsamea* 或「白冷杉」*A. concolor*）：這種高大的常青樹與占卜、靈性成長、異世界、轉化、保護、靈有關，它可以增強例如記憶、機智、洞見、學習等心智力量。它的樹脂往往是從毬果中提取，用作薰香。冷杉與阿多尼斯、阿緹蜜絲、雅典娜、巴克斯、博魯塔（Boruta，譯註：斯拉夫神話的森林男神）、希栢利（Cybele，譯註：羅馬的母親女神）、黛安娜、狄薇扎（Dziwitza，譯註：斯拉夫民族的女神）、弗麗嘉、伊登、伊南娜、愛希絲、歐西里斯、潘、波瑟芬妮、麗婭連結。

銀杏

銀杏（ginkgo，學名*Gingko biloba*）：這種獨特的喬木，葉子呈扇形，被認為是地球上最古老的樹木，因為它在過去的兩億年中一直保持不變。銀杏葉增強心智集中和聰明才智，它們也促進與靈界的溝通。銀杏以無數形式與神性和靈有關，在進行萬物有靈魔法的時候尤其有用。

山楂

山楂（hawthorn，學名*Crataegus monogyna*，或「黑山楂」*C. douglasii*）：山楂又名「五月樹」（May Tree），因為它的花朵在五月左右開滿整棵樹，頗為壯觀。山楂也生產一簇簇的紅色漿果。山楂樹與家庭、愛、生育力、生命週期有關。它有助於創造力、幸福、愛、重生、淨化。山楂樹也防禦有害的魔法。山楂樹被連接到貝里努斯（Belenus 或 Belanus，譯註：凱爾特神話的男神）、布麗姬、卡爾迪亞、達格達、達奴、小仙子、弗麗嘉、希拉、奧爾文（Olwen，譯註：威爾斯神話中巨人的女兒）、普羅米修斯、索爾、宙斯。

榛樹

榛樹（hazel，「歐榛」*Corylus avellana* 或「美國榛樹」*C. americana*）：喬木和灌木榛樹，可以靠它們耐寒、互生、鋸齒狀的葉子以及光滑的淺棕色樹皮來識別。榛樹與智慧、運氣、愛、美麗、直覺、創造力、繁殖力、召喚和吸引的能力相關。吃榛子增強一個人的魔法力量，尤其是占卜和靈視力。這種樹是阿芙蘿黛蒂、阿麗安蘿德、阿緹蜜絲、波安、達奴、黛安娜、小仙子們、馬布、瑪納南、墨丘利、歐格瑪（Ogma，譯註：愛爾蘭神話的男神）、西爾瓦努斯（Silvanus，譯註：羅馬宗教的田野、森林之神）、索爾、維納斯的聖樹。

冬青

冬青（holly，「歐洲冬青」*Ilex aquifolium*、「美國冬青」*I. opaca*、或「加拿大冬青」*I. verticillata*）：冬青科有喬木、灌木、攀緣植物，有深綠色、帶刺的葉子和紅色的漿果。冬青提升神聖空間，開啟頂輪，提供與神和靈的世界連結。它釋放心智障礙且摒除雜念，它也提供保護，免受傷害，無論是肉體的、情緒的、心智的或超自然的傷害。慎用冬青漿果，因為它們有輕微的毒性。冬青與阿瑞斯、凱莉琪、科爾努諾斯、達格達、達奴、小仙子們、法烏努斯、弗雷、蓋亞、綠人（the Green Man）、赫爾、荷勒、魯格、薩圖恩有關。

丁香

丁香（lilac，「歐丁香」*Syringa vulgaris* 或 *S. baibelle*）：這種濃密的喬木開出一簇簇巨大的紫色、藍色、白色花朵，散發著醉人的花香。丁香有助於各種心智處理，包括想像的力量、接收信息、創造力。它用於和諧、占卜，而且可以協助變身。丁香連結到小仙子們、潘、寧芙賽琳嘉（Syringa）。

椴樹

椴樹（linden，「歐洲椴樹」*Tilia europaea*、「美洲椴樹」*T. americana*、*T. glabra*、或 *T. canadensis*）：這種巨大的落葉喬木有不對稱的葉子、嬌嫩的白花、由淡色葉狀突起形成的小小懸垂果實。椴樹增強所有魔法，它時常用於吸引力、愛情魔法、創造力、療癒、和平、運氣。它也用於占卜、夢的工作、願景。這種樹木是阿麗安蘿德、小仙子們、芙蕾亞、弗麗嘉、奧丁、奧斯塔拉（Ostara，譯註：源自德國的春天女神）、菲麗拉（Phylira，譯註：古希臘女神）、維納斯的聖樹。

楓樹

楓樹（maple，又名「槭樹」，「田槭」*Acer campestre*、「糖楓」*A. saccharum* 或「紅花槭」*A. rubrum*）：楓樹有獨特的五到七尖裂葉，它代表豐盛、繁榮、平衡、家庭、支持、智慧、無盡的愛。因此，楓樹是美好的附加，增強鄰里或你希望培養正向社群成長的任何地方。楓樹生產一種甜蜜的糖漿，可以用於烹飪和烘焙，增加家庭聯繫。楓樹被連結到雅典娜、納納布佐（Nanaboozho，譯註：北美原住民奧吉布瓦族〔ojibwe〕的文化英雄）、芮艾儂、維納斯。

沒藥

沒藥（**myrrh**，學名 *Commiphora myrrha*）：來自這種多刺灌木的汁液，被用於製造沒藥樹脂。當沒藥樹脂被燃燒時，它產生一種幽深、甜蜜的香氣。沒藥被用於將能量帶入平衡、滌淨和淨化、增加成功和豐盛、顯化、保護、增強通靈力量。它與阿多尼斯、阿芙蘿黛蒂、芭絲特（Bast，譯註：埃及神話中的貓首人身女神）、希栢利、狄蜜特、赫卡特、愛希絲、朱諾、拉、麗婭、薩圖恩有關。

橡樹

橡樹（**oak**，「英國橡」*Quercus robur*，「北美白橡」*Q. alba* 或「北美黑橡」*Q. velutina*）：這種雄偉的喬木有強壯、蔓生的樹枝和凸起的根。這些特徵使橡樹與彼岸世界的關聯變得清晰明確。橡樹受到德魯伊教僧侶的崇敬，它與小仙子們也有深厚的連接。在魔法方面，橡樹用於權力、賜福、療癒、勇氣、長壽、保護、知識、靈感、靈的工作、能量工作、繁殖力、實力、智慧、預言。橡樹也被連接到許多神明，包括埃吉爾、阿緹蜜絲、亞舍拉（Asherah，譯註：古代閃米特人的母神）、巴爾德、布麗姬、克瑞斯、科爾努諾斯、凱莉德雯、希栢利、達格達、狄蜜特、多恩（Dôn，譯註：凱爾特神話的重要男神）、多納爾（Donar，譯註：日耳曼地區的雷神索爾）、福爾圖娜（Fortuna，譯註：羅馬神話中的幸運女神）、綠人、冥王黑帝斯（Hades）、赫利俄斯、希拉、雅努斯、朱彼特、摩莉根、奧丁、潘、佩龍（Perun，譯註：斯拉夫神話的雷電之神）、塔拉（Taara，譯註：愛沙尼亞眾神廟裡至高無上的男神）、塔拉尼斯（Taranis，譯註：凱爾特神話中的雷神）、索爾、麗婭、宙斯。

乳香

乳香（olibanum，學名 *Boswellia sacra*）：這種矮小的落葉喬木生長在東方世界的溫暖地區，收割它的汁液，成為乳香樹脂。燃燒乳香樹脂（frankincense）時，它淨化和防禦負面能量，療癒焦慮，提高覺知，增強任何魔法的力量。它也被用於靈視力、占卜，以及星體投射和招魂術之類的靈的工作。這種植物是巴爾、芭絲特、赫利俄斯、克里希納、「拉」的聖樹。

檀香

檀香（sandalwood，學名 *Santalum album*）：這種優雅的熱帶喬木有醇度的木香，聞起來香甜微辣。它被用作薰香，以此提升和喚醒靈，同時鎮定情緒。檀香增強靈視力和占卜，也可以用於與靈溝通。目前，檀香樹瀕臨滅絕，所以最好不要過多使用檀香。檀香與杜爾迦（Durga，譯註：印度教的主要女神）、哈索爾（Hathor，譯註：古埃及女神）、迦梨（Kali，譯註：印度女神）、奧雅、度母（Tara，譯註：佛教認為是觀世音化身的女性菩薩）、維納斯相關。

八角樹

八角樹（Star Anise Tree，學名 *Illicum verum*）：這種常綠喬木形成星狀豆莢，有芳香的棕色種子，通常用於烘焙。在魔法中，八角賦予修習者更大的權威和力量。八角增強占卜能力，使任何魔法變得香甜，賦予正向的能量和祝福。八角樹被連結到阿波羅、墨丘利、奧雅與西施。

核桃樹

核桃樹（walnut，「東部黑核桃木」*Juglans nigra* 或「白核桃木」*J. cinera*）：這些巨大的落葉喬木，促進強大的通靈體驗、異界旅行、天氣魔法。核桃樹也攜帶祝福、財富、心智力量、繁殖力、清明、轉化、靈感、淨化的能量。核桃樹是阿芙蘿黛蒂、阿波羅、阿緹蜜絲、阿斯塔蒂、卡爾（Car，譯註：希臘神話裡的國王）、卡爾門塔（Carmenta，譯註：古羅馬職司生育和預測的女性神明之一）、卡莉雅（Carya，譯註：希臘神話中的核桃樹女神）、黛安娜、戴歐尼修斯、朱彼特、麗婭、索爾、毗濕奴、宙斯的聖樹。

金縷梅

金縷梅（witch hazel，「北美金縷梅」*Hamamelis virginiana* 或「奧扎克金縷梅」*H. vernalis*）：這種冬季開花的灌木有小小的黃花，它促進健康和療癒。金縷梅的英文名字來自中古英語單字 *wych*，意思是有彈性的，參考點是金縷梅的樹枝。金縷梅樹皮萃取物可治療眼睛和滌淨皮膚。在魔法方面，它是適合保護、愛、占卜、創作靈感的好草本。金縷梅與赫卡特有關。

紅豆杉

紅豆杉（yew，「加拿大紅豆杉」*Taxus canadensis* 或「歐洲紅豆杉」*T. baccata*）：這種常綠植物有柔軟的短針葉、橡實狀的綠色果實、紅色杯狀的小漿果。它被稱作死者之樹，用於異界旅行、通靈能力、願景、與靈溝通，它也與改變、實力、長壽、魔法、保護的能量有關。可以為了占卜而燃燒紅豆杉，但是絕不可以食用紅豆杉，因為這種樹的所有部分都是有毒的。紅豆杉與阿緹蜜絲、阿斯塔蒂、芭德布、班芭（Banba，譯註：愛爾蘭神話中愛爾蘭的守護女神）、凱莉琪、達格達、狄俄涅（Dione，譯註：希臘神話中的女神）、多恩、赫卡特、赫爾、赫密士、荷勒、洛基、魯格、奧丁、波瑟芬妮、薩圖恩有關。

精油

精油（essential oil）是香（incense）的絕佳替代品，它們讓你吸入植物純淨、易揮發的油，沒有煙霧的有害影響。就跟香一樣，精油運用嗅覺，而且非常能喚起情感。雖然任何精油都可以用來召喚風元素，但是由本章所列植物調製而成的特定精油，效果好上許多。使用它們可以提升你駕馭風系魔法的能力。

局部使用精油的最佳方法之一是，先將精油倒入基底油中稀釋，再塗抹在身體上。稀釋過的精油製成絕佳的按摩油和香水。手腕、頸部、太陽穴、膝蓋後面等脈搏點，可以暖化這樣的油並促使其擴散。關於稀釋精油的指南各不相同，不同的來源有不同的說法，每盎司的基底油，滴入的適度精油滴數從三滴到二十五滴不等。要好好查看個別的精油，慎防發生過敏反應。如果你的精油濃度看起來很安全，而你想要氣味更濃郁的油，請一次增加少許精油。

另一個使用精油的好方法（尤其是基於風系魔法目的）是，在噴霧瓶中製作精油噴霧。將十至二十五滴精油加入五十六公克淨化過的水中，搖晃，然後噴灑。如果情況許可，請使用玻璃瓶，避免塑料降解。

裝在擴散器之中是另外一種使用精油的方法。擴散器運用風扇、溫暖或振動將精油揮發到空氣之中。精油也可以用在薰香炭上，產生一陣強烈的香氣。

使用精油時要小心，因為精油非常濃烈，可能會刺激喉嚨或肺部，寵物對此比我們更敏感。在線上查找哪些精油不適合寵物，然後小心翼翼地添加香氣。

花草浸劑／茶

若要好好享受與風元素相關的植物，將植物沖調製成飲料，是一種特別美妙的方法。與風元素相關的可食用草本的魔法屬性，通常反映出它們對健康的益處。舉例來說，一種在魔法上有利於溝通的草本，例如接骨木花，往往護持喉嚨和呼吸道。一種在魔法上適合增強正向思想的草本，例如薄荷，可以被製成提升一個人心智觀點的花草茶。泡茶本身就是一種有魔力的行為——關於這方面的更多信息，請查閱第十一章的「茶咒」。

喝茶是吸收植物的能量，以及增強自身力量的最佳方法之一。另外，我不了解你，但是我愛準備飲品，在進行魔法工作的時候偶爾喝一下。無論茶是冰的還是熱的，它似乎總是支持和活絡我所做的不管什麼事。在魔法中使用花草茶浸劑的其他方法是，將它們放入魔法瓶中使用，將它們的香氣釋放到空氣之中，以及將它們當作藥劑使用。

你的風元素花園

如果你喜歡園藝，不妨嘗試種植你自己的植物、草本、樹木。觀察活體植物的性質和能量，可以讓你更深入地了解它。如果你不可能有座花園，那就想像你有一座花園，園裡種滿你經常使用的植物。在靜心冥想時擁有它們且造訪它們，以此向它們學習。

若要真正享受與這些植物一起運作的樂趣，不妨結合它們與魔法中的其他風系對應關係。舉例來說，若要增強你的聰明才智，你可以趁黎明時在大學圖書館的高樓層，一邊研習一邊啜飲辣薄荷茶。若要使口語的力量更敏銳，那就趁著水星在雙子座的時候徒步走到某座山頂、燃燒一根藍色蠟燭、拿著一片顫楊樹葉、對著風說出你的真心話。結合這些風的對應關係，與你的風系魔法實務，你可以更容易地與風元素的真實本質連成一氣，增加你成功的機會。

7 風系水晶和寶石

歷史揭示了早期人類與寶石之間的豐富連結。在可以追溯到西元前七萬五千年的墓地裡，曾經發現石英晶體。同樣地，紫水晶裝飾品的歷史，可以追溯到西元前兩萬五千年，而青金石和石英最早是在西元前七千年被製作成珠寶。這些行為發生在普遍的人類心態是萬物有靈論的時候——早期人類將那些石頭與獨特的能量、聰明才智、某位靈聯想在一起。今天，我們對寶石的熱愛持續著，比以往任何時候都更容易接觸到種類豐富的水晶和礦物。

某些寶石、礦物、金屬與風元素相關，將它們與風元素相互關聯可能看似奇怪，因為它們質量很稠密；然而，如果你考慮到，它們攜帶某種在魔法的風元素之內起共鳴的頻率，那就有道理了。本章中的礦石和金屬，可以被用於你的魔法實務中，幫助你聚焦、溝通、擴展你的意識。本章中的許多寶石和金屬啟動喉輪或眉心輪，其他寶石和金屬，則將一個人的能量提升到風元素的魔法頻率。

我最愛與這些素材一起運作的其中一種方法是，將我的能量與它們的內部結構連成一氣。我拿著一顆水晶或一塊金屬，想像我可以看見其中一個分子的內部結構。地球上的每一塊結晶和金屬物體，都是由數百萬個微小分子組成的，這些分子相互堆疊形成一個晶格（lattice），晶格再形成那個比較大的部分。運用你的心靈之眼，想像看見這個三維結構。它可能看起來是正方形、矩形、金字塔形、偏菱形，或其他幾何形狀。結晶體的分子結構很重要，因為分子結構決定結晶體的振動。允許你個人的能量，轉移到與這個物體相同的振動模式。讓它影響你的姿勢和呼吸。如果你正與有尖端的水晶一起運作，例如自然而然形成的石英晶體，那麼你還擁有額外的好處：能夠因為那個尖端拉長你的振動。一個這方面的有趣變形是，想像你自己在這個晶格內部，宛如某種靜心洞穴。

與這些素材一起運作的另一種方法是，將你的能量投入其中，對它們進行程式編排，使它們與你的渴望相呼應。這麼做，全神貫注在你的渴望同時握住那塊石頭。想像你的能量進入那塊石頭，直到它盈滿你的能量為止。這塊石頭將會擔任散播那股能量的燈塔。當感覺好像石頭的能量，並沒有如你所願有效地傳遞你的訊息時，那就用你的意圖重新為那塊石頭增添能量。

還有另一種與石頭一起運作的方法是，握住一塊石頭，感覺它刺激了你的身體的哪一個部位。這塊石頭將會自然而然地增強那個地方的能量，並糾正任何的失衡。只是在靜心時握著一塊水晶或攜帶一塊水晶都會影響你。可能的話，讓那塊寶石貼近你的身體——將它當作珠寶佩戴，或是放入口袋，隨身攜帶這塊寶石的能量。

風系礦物、礦石、水晶、寶石

紫水晶

這種藍紫色的石英具有淨化和保護的作用，尤其是與心智相關的事務。紫水晶（Amethyst）的英文名來自希臘字 *amethystos*，意思是「不陶醉」。紫水晶促進清晰的思考、邏輯、優質的判斷力。它也消除頭痛，改善記憶力和理解力。紫水晶是一種很好的靜心石，促進通靈能力以及比較靈性的生活。它被譽為皇家石，也是許多中世紀王冠上的主角。由於紫水晶穩定情緒的特性，紫水晶也與水對應。它與黃道十二宮的水瓶座、海王星，以及巴克斯、黛安娜、戴歐尼修斯、朱斯提提亞、維納斯相關。

魚眼石

這種令人振奮的透明晶體，可能乍看酷似石英，但是它具有不同的結構和能量。它自然而然地提升、擴展、為心智灌注力量。它組織思想和信息，提供清新的點子和洞見，藉此促進清晰明瞭的思考。魚眼石（Apophyllite）刺激心智的各個面向以及眉心輪。

砂金石

這種可愛的深綠色石英，內含閃閃發光的雲母，它刺激心智，增強理解力、分析力、創造力。砂金石（Aventurine）被認為是全方位的幸運石，也促進財富和療癒，尤其是對心臟來說。砂金石是巨蟹座和天秤座的誕生石之一。

紫龍晶

紫龍晶（Charoite）是一種深紫丁香色或藍紫色寶石，帶有乳白色的漩渦。這塊溫和的石頭，消融恐懼和自我施加的限制等心智障礙。它為與靈魂連成一氣的願景和思想灌注力量，也將某個這樣的願景和思想與它們的真實道路連成一氣。

賽黃晶

這種透明晶體乍看可能酷似石英，但是它擁有不同的晶格。賽黃晶（Danburite）攜帶高階振動，啟動心智和靈性能力，打開最上層的脈輪，它也可以連結人們與靈。

螢石

這種石頭有許多種顏色，包括藍紫色、綠色、透明的。它形成微小的四面體晶體。螢石（Fluorite）增加秩序並釐清思想，藉此刺激心智。它放大周圍其他石頭的能力，所以是用於網格的好石頭。螢石與海王星對應。

赫基蒙鑽石

這種雙尖水晶（double-terminated quartz crystal）是提升思想和澄清氣場的絕佳寶石，它有助於培養覺知，喚起通靈力量，尤其是靈視力和靈聽力（clairaudience）。

青金石

青金石（Lapis Lazuli）是絢麗的深藍色石頭，帶有金色黃鐵礦的斑點。它可以由幾種不同的礦物組成，這使得每一塊青金石都是獨一無二的。這塊石頭有助於通靈能力以及與靈和眾神溝通。青金石鬆開歇息的思緒，讓頭腦更好地集中聚焦，藉此助長心智清明。它消除頭痛，改善心境。青金石與金牛座和木星連結。

鋰雲母

這塊閃閃發光的紫色石頭，包含雲母的幾個切面。它溫和地帶來通靈能力，促進心智清明。鋰雲母（Lepidolite）也有助於靈性努力、平衡、和平、運氣。

雲母

雲母（Mica）礦物，可以單獨被發現或摻雜在許多其他石頭中。較大的雲母塊看起來像一層層銀色薄板，可以用指甲成片剝落。較小的雲母往往被嵌在其他寶石中，增加寶石的閃耀或光澤。雲母促進占卜和通靈能力，它也揭示情境的真相。

綠玻隕石

這種玻璃狀的綠色石頭，是小行星撞擊地球並迅速冷卻的時候形成的，它攜帶著極高的振動，可以打開頂輪。綠玻隕石（Moldavite）主要用於通靈和靈性體驗，包括星體投射、占卜、願景。

蛋白石

蛋白石（Opal，白色）：這種淺色礦物被莎士比亞稱為「寶石的女王」（queen of gems），它有乳白色的閃光，可以囊括彩虹的顏色。在魔法上，蛋白石鼓勵星體投射、保護佩戴者、放大通靈力量。它們被羅馬人尊為希望和愛的石頭，也被稱作「盜賊之石」（stone of thieves），因為謠傳它有能力讓佩戴者隱形。蛋白石與天秤座、雙魚座、海王星、男神丘比特（Cupid）相互關聯。

浮石

這塊灰色的石頭看起來像海綿，因為它滿是小孔。它們是在熔岩接觸到空氣，並迅速冷卻的時候形成的，進而創造出有氣穴的石頭。浮石（Pumice）很輕，輕到居然可以漂浮。浮石有助於淨化能量，擺脫負面情緒。

石英（透明）

石英（Quartz）：透明石英晶體（白水晶）是最受歡迎的水晶之一，因為它們非常適合各種魔法。由於能夠打開心智以及促進心智和靈性覺知，所以透明石英與風元素相關。只是握著一塊透明石英便提供更大的清明、淨化、療癒，它們也啟動通靈能力、力量、願景。透明石英與小仙子相關。

石英（煙薰）

石英：煙熏石英的形狀與透明石英相同，但是由於矽在形成時的自然輻射，它的色度更深一些。這些可愛的水晶，可以是灰色、棕色、黑色、半透明或不透明的。煙熏石英是一種威力強大的石頭，具有與透明石英相同的屬性，而且它還可以移除氣場中的負面性。煙熏石英有助於讓負面能量接地同時放大正向能量，這為佩戴者創造一個安全的能量場。

透石膏

這種透明的白色礦物，擁有某種內在的光彩，使它看起來從內到外發光。透石膏（Selenite）提升靈性能量，也與眉心輪和頂輪相關。古希臘人以月亮女神塞勒涅（Selene）的名字為透石膏命名。透石膏也與女神露娜（Luna）有關。

方鈉石

方鈉石（Sodalite）是深藍色的石頭，帶有白色方解石（calcite）的條紋。每當你想要更好地表達自己的時候，就佩戴方鈉石。方鈉石使人們有能力找到發聲的力量和正確的言語。當你在寫作、創作音樂或深入交談時，它是可以佩戴的完美寶石，它也有益於靜心和療癒喉嚨。方鈉石與射手座有關。

榍石

榍石（Titanite，又名sphene）：這種罕見的透明鈦晶體有許多顏色，包括紅色、橙色、黃色、綠色。它可以增強心智、分析性思考、全神貫注、理解力、溝通的力量。榍石也與靜心有關，而且有助於靈性上的努力。

電氣化石英（Tourmalated quartz）

這個透明石英與黑色電氣石（black tourmaline，工藝品稱為「黑碧璽」）碎片的結合體具有保護作用、幫助接地、提升能量進入靈性界域。它也清除負面性，促進通靈能力和星體投射。

鈉硼解石

這種極端透明的天然水晶，有時候被稱作「視覺石」或「電視石」，因為將鈉硼解石（Ulexite）放在任何平面物體上，可以強化該物體的外觀。鈉硼解石投射能量的效果不佳，但是它可以用來調頻一個人的能量，使能量對準風元素。

金屬

鋁（Aluminum）

這種銀色的輕量金屬有彈性且適應性強，因為它被用於飛機零件和行李箱，所以時常用在旅行魔法，它也與連結、心智、力量連接。

錫（Tin）

錫是一種輕量、適應性強的金屬，適用於各種工作。它看起來像銀，但是比銀輕許多，而且更具延展性。錫增加運氣、財富、占卜未來的能力，它也連結到金錢和貪慾。

滌淨水晶和寶石，並為其增添能量

定期滌淨你的水晶和寶石，確保它們沒有任何其他能量。做好這事的最佳方法之一是，運用具滌淨功能的氣息。聚焦在你內在的風元素並做一次深呼吸。對著你的水晶或寶石吹氣，同時想像你的氣息移除其上任何逗留不去的能量。

一旦寶石被滌淨了，最好為它增添能量。為水晶增添能量的最常見方法之一是，藉由月光或陽光，讓它們吸收月亮或太陽的能量，就好像太陽能電池板。你也可以聚焦在某個字詞或某種感覺，藉此運用你的心智為水晶增添能量。凝視著那塊石頭，預先勾勒一下你的想法，用這股能量為那塊石頭進行程式編排。

隨身攜帶一塊有能量的石頭或水晶，為的是維持那股能量，也方便你日常使用。在魔法工作中使用它們，可以使石頭或水晶更加強而有力。

中央祭壇灌注力量

每當你需要增強風系魔法的時候，石頭和金屬都是絕佳的資源。它們可以提升你的魔法的能量，幫助你帶出你所渴望的結果。不用它們的時候，請將它們放在你的風系神龕或你的中央祭壇上，用那裡的能量為石頭和金屬灌注力量。

8

風系動物指導靈

看見某隻生物飛過頭頂，對我來說總是一次扣人心弦的體驗。無論是禿鷲、蝙蝠、蜂鳥或飛蛾，牠們的飛行都有一絲優雅。牠們指揮身邊的空氣，知道當牠們從樹枝上跳躍時，牠們有力量掃過翅膀底下的空氣，上升到天空之中。或許這些飛行生物如此迷人，是因為人類沒有機器或設備便無法飛行，或是可能因為牠們在我們心中喚起一份輕盈、令人振奮的感覺。不管那是什麼，我都很感激能與這些空中世界的大師們共享天空。

鳥類與鳥占術

自古以來，人們就將鳥類與不同的意義關聯在一起，這種占卜叫做「鳥占術」（ornithomancy），它是占卜術中最大一類。幾種古老文化都經常實施鳥占術，包括美索不達米亞人、埃及人、希臘人、羅馬人、凱爾特人。鳥占術在羅馬和馬雅帝國境內非常流行，流行到每一個文明都有一所完整的學院，專門教導神職人員如何詮釋預兆。這些教導主要聚焦在鳥類的活動和叫聲。來自鳥類的信號對羅馬人來說非常重要，重要到整個軍隊會等待，直到鳥類發出有利的信號時，大軍才會開拔。

鳥占術被詮釋成命運或眾神的意志。許多文化認為，來自鳥類的預兆，勝過來自任何其他動物的預兆。有些文化相信，這是因為鳥類飛得更靠近居住在空中和天國的神靈。另一種信念是，鳥類是預兆的完美容器，因為牠們的本性保守反動，就跟風一樣。其他文化將鳥類與靈在死亡時刻的飛行聯想在一起，所有這些概念都與風元素的品質連成一氣。

本節包含某些比較常見的鳥類、牠們的特性、牠們的歷史詮釋。如果你想要練習鳥占術，不妨請求得到信號，看看有什麼鳥兒飛過你的路徑。一般來說，奇怪的行為比正常的行為更有意義，例如在白天看見貓頭鷹。同樣地，看見稀有鳥類是比看見常見鳥類更重要的預兆。看見鳥兒向右飛被認為是正向結果的信號。鳥兒向左飛意謂著拖延和問題。如果一隻鳥朝你飛來，這是好事將要發生的信號。鳥兒飛離你意謂著，這件事沒有任何機會。其他好兆頭包括：鳥兒飛得高，鳥兒邊飛邊唱歌，看見一群鳥兒。如果沒有鳥兒出現在你的視線中，可能眾神目前沒有太大的興趣參與。不妨稍後再試，或嘗試另一種占卜法。

鳥類的傳統含義

- 信天翁（albatross）代表挑戰、結局、旅行、持久力、自由、耐心、轉化、追求、靈性、實力。
- 烏鶇（blackbird）象徵運氣、勇氣、幸福、家、冥界、智慧、重生、靈性工作。烏鶇與芮艾儂連接。
- 藍鴝（bluebird）意謂著成就、覺醒、轉化、改變、自信、創造力、繁殖力、愛、動機因素。

- 冠藍鴉（blue jay）代表適應力、魄力、勇氣、靈巧、運氣、魔法、機會、冥界。冠藍鴉與男神瑪爾斯有關。
- 金絲雀（canary）代表忠誠、幸福、家庭和住家、覺醒、美麗、友誼、療癒、直覺、愛、運氣、靈性。
- 紅雀（cardinal）描繪住家、家庭、幸福、平衡、清明、健康、創造力、友誼、直覺、愛。
- 山雀（chikadee）與採取行動、覺醒、平衡、喝采、真理、社群、繁殖力、心智力量對應。
- 雞代表豐盛、社群、更新、靈的工作、靈性。公雞的叫聲預示好運、健康、免於傷害。牠們代表覺醒、自信、勇氣、太陽能、貪慾、樂觀。雞被連接到天照大神（Amaterasu）、阿波羅、阿瑞斯、阿提斯（Attis，譯註：古羅馬主管復生之男神）、凱莉德雯、赫利俄斯、赫密士、魯格、墨丘利。
- 兀鷹與採取行動、療癒、洞見、領導力、邊界、顯化、保護、淨化、重生、靈的工作、實力相關。
- 鶴（crane）代表豐盛、轉化、聚焦、創造力、持久力、優雅、平衡、療癒、正義、旅行、聰明、長壽、星光界（astral realm）、魔法、邏輯、冥界、耐心、智慧、和平、靈性工作、保護、獨立、健康、重生／更新。鶴也連結到阿波羅、阿緹蜜絲、芭德布、小仙子們、赫菲斯托斯、希拉、魯格、瑪納南、摩莉根。

● 烏鴉可以用幾種方法詮釋。某些文化相信，看見烏鴉或聽到烏鴉的叫聲，總是帶來災難或邪惡。其他文化則認為，烏鴉呱呱叫預示著下雨。烏鴉也因揭露背叛而為人所熟知。如果你在左邊看見一隻烏鴉，那就是運氣不好；如果你在右邊看見一隻烏鴉，務必當心注意。當你看見烏鴉滑翔的時候，要許個願。如果烏鴉沒有拍動翅膀，你的心願可能會成真。看見兩隻烏鴉在飛被認為是好運。在魔法上，烏鴉涉及社群、靈性、保護、顯化、毀滅、住家、魔法、聰明、覺知、靈性工作、改變、智慧、創造力、直覺、重生、死後世界、長壽、健康、愛、適應性、動機因素、機會。

一首數烏鴉或喜鵲的流行童謠說：「一為悲傷，二是喜悅，三為女孩，四是男孩，五為銀，六是金，七為永不說出的祕密，八是心願，九為親吻，十是不容錯過的鳥！」這首韻文被認為源自一首傳統詩：「一為悲傷，二是高興，三為葬禮，四是出生。」

與烏鴉對應的神明，包括天照大神、阿斯克勒庇俄斯、雅典娜、芭德布、佛陀、凱莉琪、赫爾、瑪查、梅芙（Maeve，譯註：愛爾蘭神話中的女王）、密特拉斯、摩莉根、芮艾儂、薩圖恩。

- 杜鵑鳥被某些文化認為是運氣不佳，這可能是因為杜鵑鳥殺死其他物種的幼鳥，且在對方的巢中下蛋。有人認為，如果你聽見來自南方或西方的杜鵑鳥叫聲，那是好運。如果來自東方，那意謂著愛。如果來自北方，那是霉運。春天第一次聽見杜鵑鳥啼叫時，請檢查你的財產。如果你沒有錢，這是非常不好的徵兆。杜鵑鳥與適應性、新的開始、欺騙、命運、正義、機會、靈性工作、直覺相關。杜鵑鳥也與雅典娜、希拉、朱諾、潘連接。
- 和平鴿是和平、好運、繁榮、繁殖力、愛、智慧、更新、忠誠、療癒、長壽、寬恕、心智力量、悲慟、激情、幸福的徵兆。和平鴿與阿芙蘿黛蒂、阿斯塔蒂、狄蜜特、芙蕾亞、荷勒、伊南娜、伊什塔爾、愛希絲、邁婭（Maia，譯註：羅馬神話中的女神）、麗婭、維納斯相關。
- 鴨子代表運氣、豐盛、轉化、感情、和平、情緒清明、社群、忠誠、機會、保護、靈性工作。
- 老鷹被羅馬人認為是繁榮和好運的象徵。如果幾隻老鷹出現，則可以觀察牠們的飛行模式，以此制定調查不管什麼事務的策略。在魔法上，老鷹與繁榮、戰爭、清明、尊重、開悟、自由、實力、直覺、正義、啟動、變身、長壽、自信、魔法、智慧、動機因素、機會、權威、成功、和平、真理、靈的工作和靈性、淨化、勇氣、更新、激情、覺知對應。老鷹也與阿耆尼（Agni，譯註：吠陀教與印度教的火神）、阿瑞斯、貝里努斯、愛希絲、朱彼特、朱斯提提亞、魯格、奧丁、潘、宙斯對應。

- 看到獵鷹（falcon）是好運，尤其如果這次占卜是問財務或關係問題。牠們代表魔法、清明、實力、療癒、聰明、忠心、追求、權威。獵鷹被連結到芙蕾亞、弗麗嘉、荷魯斯、孔蘇（Khensu，譯註：埃及神話中的第一代月神）、奈芙蒂斯（Nephthys，譯註：埃及神話中死者的守護神）、「拉」。
- 雀科鳴鳥（finch）代表溝通、覺醒、財富、改變、繁殖力、幸福、平衡、更新、社群、靈的工作、覺知。
- 看見紅鶴（flamingo）被聯繫到豐盛、轉化、平衡、社群、穩定。
- 鵝（geese）是豐盛、採取行動、社群、旅行和安全歸來、追求、合作、繁殖力、家、靈的工作和靈性、自由、幸福、愛、動機因素、冥界、忠誠的徵兆。鵝與阿蒙、阿芙蘿黛蒂、伯莎（Bertha，註：有明亮之意）、梵天、蓋布（Geb，譯註：古埃及的大地與生育男神）、希拉、愛希絲、朱諾、奧丁、歐西里斯與「拉」連接。

- 鷹代表好運和成功，尤其是當鷹出現在你的右側時。不過，目睹鷹捕捉獵物意謂著你將會蒙受損失。在魔法上，鷹也與死後世界、星光界、權威、靈巧、覺知、戰爭、靈視力、真理、清明、智慧、勇氣、權力、領導力、機會、創造力相互關聯。鷹與凱莉德雯、達格達、達奴、希拉、赫密士、愛希絲、墨丘利、奈芙蒂斯與「拉」連結。
- 蒼鷺與運氣、豐盛、靈性工作、死後世界、抵禦侵略、魄力、星光界、轉化、權威、智慧、平衡、希望、靈巧、聰明、魔法、邏輯、機會相關。牠們與小仙子們和阿蒙神對應。
- 蜂鳥（hummingbird）代表運氣、平衡、沉著、實力、美麗、保護、持久力、寬恕、幸福、旅行、小仙子們、療癒、住家、靈的工作、獨立、健康、聰明、愛、動機因素、樂觀、聖潔。
- 翠鳥（kingfisher）等於是好運，尤其對水手來說。看見翠鳥在巢穴裡意謂著天氣將會平靜而晴朗。牠們與財富、豐盛、幸福、和諧、愛、忠誠、和平相關。
- 潛鳥（loon）代表神祕主義、星光界、獨立、和平、浪漫、夢想。
- 在許多文化中，喜鵲被認為是厄運。牠們的喋喋不休，意謂著要麼陌生人將會來訪，要麼不幸將會降臨這一家。牠們也與財富、健康、適應性、改變、靈巧、聰明、運氣、顯化、靈的工作和靈性、機會相互關聯。

- 夜鶯（nightingale）代表美麗、療癒、希望。
- 貓頭鷹（owl）代表智慧、冥界、目光敏銳、深不可測、晝伏夜出、神祕。許多文化將看見牠們與死亡警告聯想在一起。有些人相信貓頭鷹的叫聲是可怕災難或不幸的預兆，牠們被羅馬人視為死亡和厄運的通報者。對希臘人來說，牠們是好運的信號。也與死後世界、心智力量、靈聽力和靈視力、真理、覺知、保護、夢想、靈的工作、魄力、開悟、洞見、直覺、變身、聰明、魔法、保護、月亮、冥界、淨化、重生、清明、星光界、機會相關。貓頭鷹是阿瑞斯、阿緹蜜絲、阿斯克勒庇俄斯、雅典娜、凱莉琪、赫卡特、因陀羅（Indra，譯註：印度教男神）、吉祥天女拉克什米（Lakshmi，譯註：婆羅門教與印度教的幸福和財富女神）、密涅瓦的聖鳥。
- 看見鸚鵡（parrot）與社群、創造力、療癒、長壽相關。
- 孔雀代表吸引力、驕傲、美麗、自信、智慧、長壽、顯化、誠實、和平、財富、豐盛、保護、更新。牠們被連接到阿蒙、梵天、德維（Devi，譯註：印度教濕婆神妻子的合稱）、希拉、赫密士、赫絲提雅、荷魯斯、伊麗絲、朱諾、潘、辯才天女薩拉斯瓦蒂（Sarasvati，譯註：婆羅門教、印度教的女神）、宙斯。

- 鵜鶘（pelican）與挑戰、仁慈、魔法、更新、悲慟相關。
- 雉（pheasant）涉及吸引力、自我覺知、自信的能量。雉與天照大神相關。
- 鴿子（pigeon）代表家庭、住家、純真、愛、繁殖力、忠心、和平、運氣。
- 渡鴉（raven）是聰明的鳥類，牠們是占卜師的聖鳥。渡鴉們的出現，可能指出正向或負向的結果。牠們與變身、感情、智慧、勇氣、命運、療癒、聰明、靈視力、悲慟、魔法、清明、顯化、改變、重生、追求、心智力量、機會、冥界、保護相互關聯。

    許多神明都與渡鴉有關，包括天照大神、阿波羅、阿斯克勒庇俄斯、雅典娜、芭德布、凱莉琪、達奴、芙蕾亞、伊南娜、魯格、瑪查、梅芙、瑪爾斯、密特拉斯、摩利根、奧丁、芮艾儂、薩圖恩、提阿馬特（Tiamat，譯註：古代巴比倫神話中蘊孕出所有神明的地母神）。

- 旅鶇（robin，又名「美洲知更鳥」）等於是好運。每當你看見一隻旅鶇的時候，就許個願。如果牠向上飛，你將會很幸運。旅鶇也象徵改變、幸福、智慧、運氣、靈的工作。凱爾特男神貝里努斯與旅鶇連接。

- 海鷗與轉化、死後世界、清明、自由、旅行、友誼、聰明、豐盛、魔法、靈的工作、機會、行動、淨化相關。牠們被連接到阿芙蘿黛蒂、小仙子們、尼約德。
- 麻雀代表家，象徵希望。在魔法上，牠們涉及渴望、繁殖力、幸福、覺醒、愛、忠誠、忠心、魄力、顯化。牠們是阿芙蘿黛蒂和維納斯的聖鳥。
- 鸛（stork）帶來運氣、新的開始、慈悲、更新和重生、保護、創造力、財富、靈的工作、奉獻、繁殖力、長壽、運氣、機會、忠誠。
- 有些人認為燕子不吉利；然而，牠們也與有裨益的居家靈（house spirit）相關。牠們代表社群、繁殖力、療癒、家、顯化、希望、保護、更新、愛。燕子與阿芙蘿黛蒂、伊南娜、愛希絲與「拉」連結。
- 天鵝（swan）代表運氣、覺醒、平衡、轉化、美麗、旅行、改變、奉獻、渴望、忠誠、信任、直覺、長壽、優雅、療癒、顯化、冥界、追求、純真、愛、靈的工作、靈性。天鵝與安格斯（Angus，譯註：凱爾特神話中代表愛與青春的男神）、阿芙蘿黛蒂、阿波羅、柏曲塔、梵天、布麗姬、小仙子們、瑪納南、涅墨西斯（Nemesis，譯註：希臘神話中的「報應女神」）、尼約德、辯才天女薩拉斯瓦蒂、維納斯、宙斯對應。
- 火雞代表豐盛、繁殖力、感恩、成長、自我修行、更新。

● 禿鷲（vulture）被認為預示死亡。在戰爭中，牠們飛行的距離，代表多少士兵將會死亡。如果跡象顯示，死亡將會發生在另一邊，牠們就被認為是好運。禿鷲與女神涅赫貝特、兒童和母親的保護、死後世界、信任、循環、耐心、淨化、轉化、重生、變身相關。牠們也被連接到阿波羅、阿瑞斯、哈索爾、愛希絲、瑪亞特（Maat，譯註：古埃及正義與真理女神）、瑪爾斯、奈芙蒂斯、提阿馬特、宙斯。

● 啄木鳥代表運氣、靈性工作、覺醒、天氣魔法、心智力量、魄力、繁殖力、魔法、保護、真理、淨化。牠們是阿瑞斯、佛陀、朱彼特、瑪爾斯、潘、西爾瓦努斯、宙斯的聖鳥。

● 鷦鷯（wren）代表好運和覺醒、靈的工作、實力、適應性、淨化、自信、持久力、心智力量、幸福、魄力。

蝙蝠

唯一有本領真正飛行的哺乳動物是蝙蝠。你可能已經見過蝙蝠於黃昏時在頭頂盤旋，以或這或那的方式俯衝，捕捉蚊子和其他在飛的昆蟲。或許你曾經見過牠們夜間到果樹上覓食。有各式各樣的蝙蝠，每一種都有不同的優勢和能力。蝙蝠是晝伏夜出的，牠們生活在世界各地，極冷的地方除外。許多蝙蝠物種為植物授粉並傳播種子，這讓新生命能夠出現。

在我的大學本科學習期間，巴西的一所大學提供我實習以及在熱帶雨林區研究蝙蝠的機會。我趕忙抓住機會，接近這些神祕的、原始的夜間生物。我的大部分工作是在夜晚帶著厚手套、頭燈，以及幾乎看不見的霧網在雨林中穿行。我們抓到了各式各樣的蝙蝠，包括吸血蝙蝠。拿著這些驚人的生物測量是一次非凡的體驗，它更進一步地鞏固了我對牠們的傾慕。

與蝙蝠相關的魔法，包括社群、潛意識、死亡、舊習慣的釋放、實力、持久力、長壽、新的開始、魔法、冥界、重生和更新、運氣、改變、靈性工作、財富、轉化、農業。牠們也與阿緹蜜絲、黛安娜、波瑟芬妮連結。

與蝙蝠相關的魔法運作，應該總是在夜間進行。在天空中尋找蝙蝠開始於大約日落時。在網際網路上查找關於生活在你所在附近的那類蝙蝠的信息。如果你對某種蝙蝠有興趣，例如巨型飛狐，你可能必須參觀動物園或已知牠們生活的地點。也可以將蝙蝠屋掛在陽光充足的樹上，藉此吸引當地的蝙蝠。

昆蟲

會飛的昆蟲自然而然地與風元素相關。幾個世紀以來，由於牠們獨特的美麗和優雅的飛行，牠們已經喚起了藝術家和詩人的靈感。發出聲音的昆蟲，例如蟋蟀，也因為牠們發出的音樂而與風元素對應。

- 蜜蜂是鮮花之間的信使，傳遞花粉，開啟新的生命。對於今年收穫的水果和蔬菜，以及延伸到與明年收穫相關的種子，蜜蜂都是必不可少的。由於牠們的蜂巢思維和跳舞的溝通形式，蜜蜂能量可有效轉化成社群、勤奮工作、散播新理念的魔法。牠們也與冥界、豐盛、智慧、農業、聚焦、夢想、戰士能量、家庭、心智力量、動機因素、更新相關。蜜蜂長期以來一直與阿波羅、希栢利、狄蜜特、黛安娜、伊麗絲、克里希納、「拉」、毗濕奴有關。
- 蝴蝶往往代表死後的生命，因為牠們經歷質變，從毛毛蟲變形成為有翅膀的美麗蝴蝶。有些人相信，蝴蝶攜帶著死者傳遞給我們的訊息，尤其是在葬禮和悲慟期間。也有人說，女巫可以變形成蝴蝶。這些傳粉媒介與美麗、自由、重生、轉化、小仙子們、夢想、旅行、持久力、自信、優雅、信任、幸福、靈感、愛、魔法、忠誠、農業、機會、顯化、淨化、繁殖力、靈的工作、生命的週期循環相關。

- 蟬是長期休眠的昆蟲，與轉化、幸福、家、成功、誠實、長壽、耐心對應。
- 蟋蟀是用牠們的音樂充滿夏夜空中的昆蟲。牠們的竊竊私語為夏季增添溫暖，也隔絕了其他噪音，讓夏夜感覺起來舒適愜意。蟋蟀與訊息或預兆、歡樂、信任、結局、住家、直覺、運氣、更新、保護相關。
- 蜻蜓是飛行速度最快的昆蟲之一。牠們帶著蜂鳥的優雅猛衝，對蚊子有著貪婪的需求。牠們與內省、夢的工作、情感支持、自我保全、小仙子們、開悟、訊息或預兆、改變、轉化、清明、真理、邊界、長壽、激情有關。蜻蜓是阿耆尼的聖蟲。
- 螢火蟲點亮夜晚，照亮我們的黑暗。牠們與希望、完成、靈感、啟動、開悟、創造力對應。
- 飛蛾是傳粉媒介，牠們代表月亮魔法、豐盛、轉化、採取行動、保護、神祕的愛、覺醒、重生。飛蛾與阿緹蜜絲、赫卡特連結。

神聖的羽毛

如果你想要在魔法儀式期間與天然的風元素連結，不妨嘗試使用羽毛。羽毛擁有曾經被用於飛行（可能持續了好幾年）的好處。這意謂著，它們包含空氣、飛行、擁有該羽毛的鳥類的能量。如果有可能，請使用某種適合你的魔法的羽毛。舉例來說，對於魔法運作的重點是獲得智慧、正義、和平的某人來說，鷹的羽毛非常適合。

羽毛的另一項用途，是為了滌淨而將煙霧指引到某人或某物上方。某些美洲原住民和加勒比部落的人們，使用羽毛或鳥翼來飄送煙霧。羽毛是用來移動空氣的，所以它們相當有效地指引煙霧。

使用羽毛有一些注意事項。羽毛可能攜帶沙門氏菌（salmonella）等疾病。觸摸它們的時候要小心，才不至於傳播任何疾病。除非你知道商家持續在收集羽毛，否則最好不要購買。絕不要使用拔下來的羽毛，因為這麼做與原本擁有該羽毛的動物產生創傷性關聯——改而使用自然掉落的羽毛。重新利用已死鳥類的羽毛或翅膀，例如被汽車撞到的鳥類，這可能是一種紀念已死鳥類且與牠們的靈一起工作的神聖方法。如果你渴求某種羽毛，請四處打聽——鳥類中心可能有羽毛出售，或是你可能認識某位經常找到這類羽毛的博物學家或徒步旅行者。不過，要知道，擁有某些鳥類物種的羽毛是非法的，因為偷獵很危險，尤其是偷獵備受威脅或瀕臨滅絕的物種。

與動物指導靈合作

如果你特別有興趣與這些風元素生物的其中一種一起工作，那麼牠們的能量可能有許多東西可以教導你。閱讀關於牠們的書籍以及觀看相關視頻。在野外尋找牠們。當你找到牠們的時候，好好研究牠們的行為，聆聽牠們似乎要對你說些什麼。想想牠們的特性可以如何在你裡面被啟動。

如果有可能，餵食牠們或給牠們一個落腳處。對蝴蝶來說，這可能意謂著種植牠們喜歡的花朵。對鳥類而言，這是撒些種子或破碎的玉米，對蝙蝠來說，則是掛上蝙蝠屋。這些生物也可能喜歡淡水，而鳥浴池可以吸引各種鳥類。邀請這些動物進入你的生活，你將會增強與牠們的關聯，以及你們的能量交換，這也會幫助你在魔法運作時召喚牠們。

一旦你與那種動物建立了默契，就可以在你的魔法工作中召喚這種生物的能量。如果你願意，也可以將你的某些能量送進天空中。任何與鳥類有關的魔法運作，都應該與一天中牠們最活躍的時間相關。因此，你可能希望與白天和夜間活躍的動物們建立連結。如果你與那種動物的連結牢固，請在你的風系神龕或主祭壇上擺上牠們的藝術品或照片。看見那件藝術品或照片會讓你想起，你與牠們的能量有著深厚的連結，而且將會啟發你與牠們連結。

你與這種動物的關聯，可能是暫時的學習體驗，也可能是終生的。趁著連結牢固的時候，向牠們學習你可以學到的事。當你不再感覺到與這種動物有強烈的緣分的時候，可能你的成長已經超出了牠們。要再次好好研究，找到另一種為你灌注力量的動物。

會見鳥靈

有幾個鳥類保護區、動物園、鳥類復育中心，你可以在那裡近距離觀察鳥類。參觀一個這樣的地方，是與獨特的動物風元素交流的絕佳方法。如果你不確定自己與哪種鳥類最有關聯，這是一次特別具啟發性的體驗。當你與一隻鳥面對面的時候，很可能你會對牠們的能量以及你是否感覺到某份連結，有具體的了解。

好好規劃，將你的寵物留在家中，如此這些鳥兒才會安心自在。也要規劃不塗抹氣味強烈或人造的香氣，這可能會令鳥兒無所適從。如果你有興趣真正接近某種動物，請事先打電話確認博物學家是否將這些鳥兒帶出籠子。

當你參觀保護區或動物園的時候，請緩慢而安靜地靠近。給那些鳥兒足夠的空間，至少在開始的時候使用微小的肢體語言，表明你對牠們沒有威脅。好好觀察鳥兒的肢體語言，以及牠們如何呈現自己。注意牠們如何觀察周圍的世界。好好運用你的通靈能力，感應到牠們的能量和牠們的自然力量。舉例來說，如果你正在造訪一隻老鷹，你可能會注意到牠銳利、穿透性的眼睛、牠的機警，以及牠的力氣。如果你正在造訪一隻烏鴉，你可能會看見牠多麼愛玩，或是感應到牠思考的方式。好好注意那隻鳥兒如何與你互動。牠似乎被你的在場迷住了嗎？牠是否有一股皇家氣息？

如果你特別對某隻鳥著迷，那就留在牠附近一段時間。不用言語，詢問牠是否想要與你交換能量。如果你感應到肯定的答案，就送愛給牠並接收一些牠的回饋。如果你感覺到深刻的連結，請規劃下次再來探望這隻鳥。不妨捐款給這個組織，或是在那裡當志工。金錢捐贈提供食物和庇護，也確保那隻鳥將會得到照顧，這是一種真正的能量交換形式。

傳統的羅馬鳥占術

許多人練習一種非正式的鳥占術。他們提出問題，然後詮釋他們偶遇的鳥類。有些人甚至不問問題——他們只是等候著出現的不管什麼東西。這沒有什麼錯，而且學習某種傳統方法總是有價值的，尤其是經過好幾百年精練的方法，例如羅馬鳥占法。

在開始之前，先決定你接收那則訊息需要多少時間——可能少到十五分鐘，也可能多到幾個小時。時間長短應該反映問題的嚴重性。如果你對召喚朱彼特感到不舒服，那就換一個你感覺比較舒服的神明。

材料：一個你可以坐著一段時間的高架戶外空間，例如山頂；坐著或躺著舒服的東西；一座帳篷，開放式遮蔽區朝南方設置（有沒有均可）；羅盤；葡萄酒或果汁之類的奠酒；寧靜的長笛音樂（有沒有均可）；香和打火機（有沒有均可）；一本鳥類辨識指南；「心魔之書」或日誌；書寫工具；手錶或計時器。

一旦找到你想要用來進行鳥占術的地點，請使用羅盤確定基本方位。在你面前的地面上從東到西畫一條直線，代表太陽經過的路徑。從北到南再畫一條直線。這些直線定出四個象限。

讓自己面朝南，剛才畫出的十字就在你面前。如果你在帳篷內，請將帳篷的邊緣平行對齊東西向那條直線。向朱彼特舉杯致意，邊頌揚祂的美德邊將一些酒倒在地上。如果你願意，可以在這時候點香。解釋一下你對這次占卜的要求，請求經由這些鳥兒得到肯定或否定的答案。討論一下你的視野，運用例如樹木或柵欄之類的視覺地標。這確保鳥兒的飛行是顯而易見的。最後，請求確認，朱彼特將會透過這些鳥兒，傳送一則訊息給你詮釋。你的請求可能看起來如下：

強大的朱彼特，浩翰的朱彼特，
天空和雷聲之主啊，
我為祢獻上這款葡萄酒和無雜質的迷迭香薰香。
我召喚祢的智慧和協助。
仁慈的神啊，請告訴我——
我與菲麗（Firi）的婚約會成嗎？
我請求祢透過這些鳥兒，你的信使，
送給我一則明確的信號，告訴我是或否。

我將會從我左邊的丁香叢到我右邊的楓樹，
尋找你給的信號。
我會持續坐三個小時。
喔，強大的朱彼特啊，你願意為我做這件事嗎？

一旦你接收到朱彼特將會傳送這個信號的正向回應，就坐下來，留神觀看天空。進入出神狀態或練習第十一章的「風元素容器冥想」。在預定的時間內保持沉默，不中斷。如果有必要，可以燃燒更多的香，可以播放長笛音樂——人們認為，這些將取悅朱彼特，吸引鳥兒出來。

寫下你看見的所有鳥類以及牠們所做的事。你看見的每一隻鳥以及牠的活動都意義重大。舉例來說，紅雀出現又立即離開，與紅雀在楓樹樹枝上長時間唱歌，兩者有巨大的差異。前者可以詮釋成虛幻的幸福，後者則是實質的幸福和家庭的信號。好好運用你的手錶和你的「心魔之書」或日誌，記錄正在發生的事以及發生的時間有多長。

當觀看期結束時，請使用本章中關於鳥類的信息來詮釋那些預兆。你可能會收到一則明確的訊息或幾則訊息，這些可能是混合的。如果你的訊息不明確，請與某位可信賴的朋友討論一下，對方也許能夠提供額外的洞見。

花俏別致的飛行

如果你曾經近距離與這些生物互動，你八成已經感覺到牠們散發出的狂野、原始的力量。這些動物具有深沉的原型力量，可以在你的魔法運作時大大協助你。單是在牠們附近就會深深感動和鼓舞人心。要允許自己可以因這些雄偉的飛行奇觀而得到振奮提升。

第3部

風系魔法的應用與儀式

「魔法」是一個方便詞

描繪一整套技術，

所有這一切都涉及心智。

——瑪戈特・阿德勒（Margot Adler）

《降落月球》（*Drawing Down The Moon*）

9
用於香的魔法

香（incense）是最容易取得且令人愉悅的風元素工具之一。香的歷史可以追溯到第一批在火中燃燒芳香木材或草本，且驚嘆於那芳香氣味的人們。或許不足為奇，但我們的嗅覺卻是我們擁有的最古老感官之一。嗅覺是獨一無二的感官，因為它略過頭腦中負責處理的部分，反而直接行進到一個反應更靈敏的地方，叫做「嗅球」（olfactory bulb），那裡貯存著大量的情緒和記憶。這個區域儲藏著我們在人生中創造的所有香氣與情感之間的鏈結，以及我們可能承繼自祖先的其他鏈結。換言之，每當我們燃燒祖先們曾經用過的同樣芳香木材或薰香的時候，可能便喚起自己的記憶以及祖先過去的記憶。

香的用法，最早記錄在某些目前已知人類最古老的文件中。巴比倫人、美索不達米亞人、南亞人，在西元前三一〇〇年左右寫下了香的多種用途。同樣地，一座古埃及村莊的記載報告說道，晚上，焚香的煙裊裊上升，飄入空中，那來自整個社區裡的所有房屋和寺廟。焚香所產生的煙霧，被比作徘徊在小山頂和大山頂的神祕雲霧，那裡恰好是已知最早幾座異教神壇座落的地點。

本章涵蓋了香的多種用途，並就如何使用香給出幾則建議。當然，安全是重要的考量因素。不要留下燃燒的薰香無人看管，而且要確保將香放置在不會觸及任何人（包括寵物）的地方。在燒香之前，先好好研究香對你、你的家人、你的寵物有何影響。要小心大鍋或香爐等熱燙物品，並在其下方使用防熱墊，以防損壞。始終用金屬鉗或勺子移動木炭或木炭上的香。切勿在容易引發火災的地區燒香。

雖然在使用香的時候有許多要注意的預防措施，但是在我看來，這一切值得。這種天堂般美好的煙氣，支持各種風系魔法用途。

常見的香

香如此誘人的主要原因之一是：它將植物的精髓或精神釋放到空氣之中。有機物質透過火被轉化成為煙霧、香氣、能量、灰燼。每當我們吸入那些氣味時，它們就有力量改變我們。我們可以選擇不同種類的香來搭配我們想要的心情——它非常有幫助，可以更加與我們的魔法目的連成一氣，可以創造不同的心態，或是可以促進某種提升的、靈性的感覺。

所有香都與風元素對應，即使那些植物與其他元素有關。隨著你從頭到尾讀完以下不同種類的香，要想像你正在吸入它們的香氣。要記下那些點燃你的興趣的香，然後查閱本書，看看它們是否與風元素有關。如果有關聯，一定會附上關於它們的特定屬性的信息，可以在你的風系魔法中協助你。

草本植物

迷迭香、鼠尾草、艾蒿、百里香、芸香（rue）、薰衣草、玫瑰、廣藿香（patchouli）、崩大碗、檸檬草、馬鞭草、茉莉、北美聖草（yerba santa）、啤酒花、洋甘菊（chamomile）、蒲公英根（dandelion root）、月桂、達米阿那（damiana）、蓍草、土木香、三葉草花、薄荷、貓薄荷（catnip）、中亞苦蒿、香草、蕨類植物、帚石楠

（heather）、桉樹、小米草、藥蜀葵根（marshmallow root）、甜茴香、當歸根（angelica root）、纈草根（valerian root）、蓮、香茅（sweetgrass）、香芹。

香料

洋茴香籽、肉桂、小荳蔻籽（cardamom seed）、丁香、生薑、高良薑（galangal）、肉荳蔻、肉荳蔻皮、人參、黑胡椒、多香果（allspice）。

木材（包括針葉、樹皮、木材、漿果）

杜松（juniper）、松樹、雲杉（spruce）、雪松、蘆薈、柳樹、冷杉、檀香（如果有，省著用——檀香可是瀕臨滅絕）。

樹脂

乳香、柯巴脂（copal）、沒藥、龍血（dragon's blood）、洋乳香（mastic，譯註：乳

香黃連木的樹脂）、松脂、阿拉伯膠（acacia）、安息香。

魔法中的香

香是掩蓋氣味或驅蟲的好方法，但是談到魔法用途的時候，香絕對是出色的。焚香有五個主要的靈性目的。你可以根據需要逐個運用這些靈性目的，或是你可以將它們用於薰香儀式，從滌淨開始，然後用香喚起特定的感覺，向神靈上香，然後靜心冥想，最後占卜。

滌淨

在進行任何魔法工作之前，香往往被用來滌淨儀式空間和魔法修習者。煙霧中和掉任何負面或停滯的能量，在能量上提升儀式空間，使魔法的風元素可以更容易地通過。

若要滌淨儀式用房間，點燃香，讓煙霧四處飄送。先滌淨你自己，讓煙霧飄送到包住你的頭部和胸前，然後包住軀幹、雙腿、雙腳（包括腳底）。一旦滌淨好你的前側，讓煙霧移動到同樣包覆你的後側，從腳踝開始，一路向上。

滌淨儀式用房間時，從最常用的門口開始。讓煙霧飄送到門的所有四個角落，最後讓煙霧飄送到門的中間位置。沿著牆壁繞房間逆時針走一圈，務必讓煙霧進入房間的角落和窗戶。完成後，讓煙霧飄送到地板上、天花板上、房間中間的空間。

一旦你和房間準備就緒，就可以滌淨任何新的魔法工具或祭壇用品，拿著工具或用品，讓煙霧包住它們。如果你與其他參與者一起工作，要先滌淨他們，再讓他們進入房間。

喚起特定的感覺

考慮在魔法運作時使用氣味，創造支持你的工作的某種特定心態或心情。某些女巫集會和圈子，總是在啟動儀式的時候使用同樣的香，因為它毫不費力地將與會者的心智和靈傳送到彼岸世界的狀態。

調合香裡的每一種成分，都攜帶著特定的能量或基調。仔細斟酌，燒香的時候，你想要喚起什麼感覺。舉例來說，柯巴樹脂具有香甜、神聖的氣味，與薰衣草花辛辣、草本的氣味相較，截然不同。每一種香都營造不同的心境，也有不同的目的。如果你不確定你想要喚起什麼感覺，請聞一聞目前手邊的東西，你八成能夠搞清楚哪一種香最能支持你渴求的能量，鼻子真的會知道。

向神靈上香

香將我們的思想、心願、祈禱，帶到風的元素精靈界域，也帶給靈。透過將植物體轉化成為煙霧和能量，我們將能量獻給神明和靈，祂們可以運用這股能量協助我們達成我們的意圖和目標。許多古代文化都認為，向神靈獻祭是與神靈溝通的唯一方法，而香一直被認為是最好的祭品之一。

如果你想要喚起某位神明或靈，請使用適當的香達成目的。舉例來說，如果你知道阿芙蘿黛蒂喜歡玫瑰薰香，請為祂點燃玫瑰薰香且將玫瑰薰香放在祂的祭壇上。每當你召請阿芙蘿黛蒂的時候，請使用同樣的玫瑰薰香在你們倆之間形成某種連繫。如果你不知道你的神明或靈喜歡哪一種香，那就好好研究一下，或是直接詢問祂們。

靜心冥想

靜心冥想不需要香，但是只要你想要靜心冥想，燒個香可以培養和維持某種靈性心態。在靜心冥想期間，香的香氣激發深呼吸，誘導身體狀態更加放鬆。在魔法實務中，運用靜心冥想來培養例如出神之類的更高能量狀態。

占卜

香與占卜有著悠久的歷史關聯。可以燃燒某些植物，例如洋茴香、艾蒿、肉荳蔻、薰衣草、香芹、百里香，以及其他植物，帶來神祕或有遠見的心態。若要了解香是否增強你的能力，不妨點燃一些香，然後使用塔羅牌、盧恩符文（rune）、自動書寫、扔骨頭，或你用來占卜的不管什麼東西。

燒香的方法

有許許多多奇妙的燒香方法。每一種方法都有正向面和負向面，這將在下述段落中討論。我發現，最好為可能出現的不同情況準備各式各樣的香，因為某些香比其他香更恰當。但是無論你怎麼燒，香注定會用它醉人的香氣感動你。

線香

最常見的薰香種類之一，是由油、樹脂、木材、草本製成的手捲線香（incense stick），有時候是由竹子或檀香製成的細絲。若要使用線香，只要點燃末端，讓它燃燒幾秒鐘，然後再將它吹熄。如果你看見餘燼，就會知道它被點燃了。它通常與木頭、金屬或陶瓷製成的香爐一起使用，香爐上有一個孔，可以將線香插進去。螺旋香是線香的一種變形，以類似的方法製成。

線香的缺點是，不可能確切地知道線香中的成分。這意謂著，你將無法查詢成分的魔法屬性。對於想要與自己正在燃燒的植物連結的任何人來說，這是不合心意的，而且如果你容易過敏，這尤其麻煩。線香可能內含與標籤上所寫成分相近，但並不是精確符合的人造成分、隱藏成分或植物。最後，你可能不知道你是否正在使用檀香之類的瀕危植物。只要有可能，請選擇比較有可能列出準確成分的知名品牌。

線香有許許多多正向面——它們容易燃燒，相對安全，只要香爐接住灰燼，它們就是享受香氣的美妙方法。線香也價格低廉且容易取得，因為它們是一種常備的香。如果你是初學者，或是如果你想要點燃後不必照顧就有源源不絕的香氣，那麼線香是完美的。

塔香

塔香（incense cone）是另一種準備好的香。跟線香一樣，它們是由植物體製成，可能也包含油、香味、活性炭。若要使用這些，只需點亮圓錐體的頂部，直到形成一條發光的餘燼為止，然後把它吹熄。把塔香放置在大鍋中或防火盤（例如陶瓷製的防火盤）上。塔香具有跟線香一樣的優點和缺點，只是塔香比較難找到。

薰香炭

如果你想要體驗各式各樣的香，薰香炭（incense charcoal）是不二之選。這是燃燒精油和樹脂的最佳方法，也是細細切碎或磨碎木材和草本的首選方法。許多人們覺得這種方法與植物更直接連結，因為在將它們放在木炭上燃燒之前，你可以看見材料的原始形式。這種方法也能讓你設計自己的香氣，且根據你認為適合的方式更改它們。

許多地方都買得到薰香炭，包括某些女巫商店。你還需要購買金屬鉗子和金屬香爐或大鍋。你的大鍋或香爐不需要很大——事實上，大到足以容納一盤木炭即可。如果你擔心損壞大鍋或香爐，請在木炭底下鋪一層沙。

當你想要燒薰香炭的時候，先拆開一顆炭餅，用鉗子夾住它。夾著炭餅接觸蠟燭的火焰——我推薦蠟燭，因為炭餅可能需要幾秒鐘才能著火。仔細觀察炭餅上閃爍的火花，然後是紅紅灼熱的餘燼。一旦你確定炭餅被點燃了，就把它放在大鍋或香爐裡。在添加任何東西之前，允許它靜置且完全點燃一會兒。

一旦你的炭餅準備就緒，就將一點香撒在炭餅上。木炭可以燒掉任何種類的香。為求最佳結果，請將你的香磨成粉再撒上，或是使用比較小塊的香。精油可以被滴在燃燒的薰香炭上，散發出一陣香氣。不過，一點點就可以大見其效，所以一開始要小心使用。用太多精油也可能會熄滅炭餅。香通常要燃燒幾分鐘，植物體才會消失。當它停止冒煙時，如果需要，再添加更多的香。

如果你想要控制一次燒多少香，以這種方式燒香尤其好。你可以添加更多香，使香氣更濃郁，或是用金屬鉗移除一些香，降低香氣。如果你想要改變香氣，就用鉗子刮掉正在燃燒的東西，再添加其他東西。這個方法也讓你更加確定你正在燃燒什麼，這樣才能好好享受香氣，不必擔心有時候出現在線香中的人造香味。

這種方法的缺點是，如果你喜歡煙霧源源不絕，就需要經常注意。此外，與木炭之間有一份微妙的平衡——太多材料在炭餅上會讓炭餅熄滅，太少則幾乎不會為你帶來任何煙霧。你還必須將木炭放在袋子裡，防止濕氣滲入，那可能會使木炭失效。

燃燒未加工的草本和木材

如果你偏愛用原始材料，請嘗試使用大鍋或金屬碗。這種方法特別適用於中等大小的整片草本，例如月桂、鼠尾草、迷迭香，或是松木、杜松、檀香之類的木材。

若要將原始材料燒成香，則將該植物體點燃，直接放入碗或大鍋之中。讓它依照自己的節奏燃燒。這種薰香方法要等大鍋和碗足夠涼，才能握住把手或托住底部。如果你願意，可以用手或羽毛來搧煙。如果你的碗或大鍋夠大，在裡面放一盞小茶燈或一根許願蠟燭。燃燒的香有火焰在旁，使得點燃和重新點燃變得輕而易舉。在低光照明下，它也產生一種神祕而耀眼的效果，因為煙和光從大鍋中傾瀉而出。

這種方法的最大優點是，你可以立即燒掉手上的東西——幾乎不需要任何準備。另一項好處是，因為你以植物的原始形式體驗那種植物，所以很容易在它燃燒之前對它的性質有深刻的了解。這種方法的缺點是，它可能有引發火災的危險，尤其是穿著長袖易燃織物的人們。另一個缺點是，油、樹脂或切碎或磨碎的植物不能用這種方法。

戶外注意事項

如果你有能力在戶外燒香，有幾件好玩的事可以同時一起做。你可以將草本或木材直接扔進篝火之中。它為任何儀式或戶外派對營造一種戲劇性的氛圍，但是比較無法控制煙霧的去向，而且氣味可能是短暫的。線香通常是戶外活動的好方法。另一個點子是，嘗試更大規模的燒木炭方法：將幾塊點燃的薰香炭，放在某大型耐熱容器之中，時不時地在其中撒上草本或樹脂。這讓你一次燒掉大量的香。根據你燃燒的東西而定，它甚至可以使昆蟲遠離。

薰香訣竅

你可能想要將你的香磨成更小的材料，讓它可以燃燒得更均勻。重的研缽和研杵通常比輕的更好。當你壓碎草本或樹脂時，要與植物的本質連結。請使用專用的研缽和研杵研磨香，以防止有可能污染你的食物。

購買香的時候，設法選擇永續收穫的香。達成這個目標的一個好方法是，如果有可能，自己栽種植物。我建議，只要有可能，就使用最純淨的原料，包括草本和樹脂。尋找由精油和植物體製成的線香，而不是由糞肥和人造香味製成的線香（如果你容易因它們而過敏）。如果有可能，請使用由竹子等永續物質製成的「環保」薰香炭。

許多調製好的線香和塔香都包含多種成分。舉例來說，某些薰香生產商銷售一種名為「風元素」（Air）的調合香，成分因製造商不同而大相逕庭。我的主張是，在購買香之前，你不必知道所有成分是什麼；但是，我建議，在購買之前先聞一聞，確保你會喜歡它的氣味。

每當你點燃香的時候，默默感謝植物的靈，感謝它對你的魔法和覺知的貢獻。如果你想要為你的風系魔法增加額外的效力，不妨請求它促進例如知識、辨別能力、改變、智慧、溝通，或與靈連結等風元素的力量。這幫助你與那種植物連結，也使焚香變得更加神聖。

另一個點子是，對著香唸誦咒語，將你的能量和意圖投入香之中。想像一下，當你在儀式或魔法工作中燃燒這款香的時候，結果會發生什麼事。當你最終真的燃燒這款香的時候，你體驗到的感官覺受，將會如同這款香被轉化成為純淨的本質和能量的時候，要想像這款香隨著你的魔法四散開來。

薰香煙占卜

艾夫雷利奧．馬托．瓦塔克佩（Avlelio Mato Watakpe）是「死亡聖神」（Santa Muerte，譯註：墨西哥的民間信仰）的信徒、赫密士卡巴拉（Hermetic Qabalah，譯註：

源自猶太教卡巴拉與基督教卡巴拉的歐洲祕教與神祕主義傳統）**的成員，也是現代折衷派民間醫治者。他是專職的魔法工作者、神諭傳達者、作家、神祕學老師；他將美洲原住民的民俗根基、希臘多神教、所羅門魔法、古代魔法書中的傳統融入他的魔法和實務做法中。**

「薰香煙占卜」的藝術與實務長期以來一直被稱作Libanomancy。這種預言性詮釋的記錄，可以追溯到從西元前兩千年到西元前一千六百年的巴比倫尼亞（Babylonia，譯註：美索不達米亞中南部的一個古代文化地區），加上在德爾菲，「薰香煙占卜」也被譽為一種深受敬重的神諭工具，因此它一直是歷代備受尊崇的占卜方法。進行薰香煙占卜時，通常是將散裝的草本香、粉末、混合物撒在正在燃燒的煤塊或炭餅上；然後觀察和詮釋煙霧的速度和動靜，其中的圖像和形狀，以及煙霧產生的聲音、氣味甚至味道。

在你開始薰香煙占卜之前，請先確保已盡最大努力停止所有氣流，因為煙霧行進的方向是最重要的因素之一。就跟任何類型的占卜一樣，最好有明確而具體的問題以及開放的心。

材料：
散裝草本香或粉末
薰香炭
香爐或大鍋
打火機
相機（有沒有均可）

點燃炭餅，燃燒上述草本香。如果香迅速燒掉，而且一開始就沒有中斷或困難，而且煙霧最初便以大片羽毛狀直接向上沖，這是非常吉祥和幸運的，因為你已經直接與靈接觸了。如果在香燃燒的整個過程中有爆裂聲和劈啪聲，同樣也是非常吉祥和幸運，而且它指出，靈與占卜者溝通且有實質的接觸。

向你移動的煙霧，尤其是如果煙霧在上升後迅速朝你而來，那是對你的動機、顯化或詢問表示強力而正向的肯定。以類似方式遠離你的煙霧是一種果斷否定的回應，那顯示你的努力將會帶來無用的結果。濃密的、成簇的羽狀煙，表示巨大的成功，以及對你的詢問給予肯定的回應。支離破碎的煙霧或細細的煙柱顯示有困難，也代表艱辛。香燃燒得緩慢導致煙霧量少，或根本沒有煙霧，顯示你的努力很難化為現實或體驗到成功，或是你的目標可能完全顯化不出來。如果一開始煙霧稀薄，顯然很難點燃，但是最終變成滾滾濃煙，迅速上升或朝你而來，那就顯示，你最終將會克服一些能量上的障礙，代表一種正向卻有麻煩的回應。

傳統的說法是，如果煙霧自然而然地流向左側，表示你的努力失敗，或是對你的詢問作出否定的答覆，而煙霧流向右側，則表示成功和正向。雖然記住這些古老的概念可能會有所幫助，但是在更廣闊的意義上詮釋這些方向會有力許多，合併神祕學上廣泛使用的理解：左側通常意指女性能量或品質，而右側意指男性能量或品質。

透過這個屬性，你可以將向左流的煙霧，關連到潛意識的能量和本性、尚未顯化的境遇、深度的情緒能量（可能攜帶堅定不移的哺育，或可怕的毀滅兩種極端）、來自遙遠過去的影響，或其他諸如此類的神聖女性品質。你可以將向右流的煙霧關連到靈的表意識意志和宇宙原力；你的工作和詢問正得到靈性活動和強而有力的賜福；賦予生命以及穿透瀰漫的能量；創造的心靈手巧；肯定可以正向地、高興地或勝利地顯化出來的境遇；或其他諸如此類的神聖男性品質。

許多占卜者也在煙霧中尋找形狀、圖像、象徵符號。可以找到的圖像類型，包括所有類型的動物靈；靈與神的面孔或完整形相；各種存在體的符咒和圖章；希伯來和希臘字母；拉丁字母和數字；神的屬性和符號；占星符號；盧恩符文；以及典型的神祕圖像，例如雞蛋、輪子、心、火焰、聖杯、刀片、十字架、蛇、鑰匙、王冠或五芒星。

科技已經使得發現和詮釋透過薰香煙傳遞的訊息，變得容易許多。你可以將手機或「數位單眼相機」設置好，放在面對你的祭壇的支架上錄製視頻。你可能需要盡可能地時常觀看影片中的連續鏡頭，在明顯接收到某種圖像的地方暫停一下。此外，許多數位單眼相機可以設定成大約每秒鐘（甚至更短時間）拍攝一張照片，也有其他配件可以使幾乎每一部相機都具有這項功能。另外，在占卜、儀式或法術運作期間，為了拍攝幾張薰香煙照片暫停一下也無妨。這些方法為你提供許多可以好好調查和獲取信息的圖像，因此，好好設定你的裝置，開始深入研究薰香煙吧！

——艾夫雷利奧・馬托・瓦塔克佩

＊＊＊＊

在煙霧中冉冉上升

埃及有句俗語說：「沒有香氣的日子是失落的一天。」[10]無論你是在你的主祭壇、香案或神龕上燒香，要知道伴隨燒香而來的是喚起情感的悠久歷史。本章為你提供了所有不同類型的香，你一定會找到啟發你的東西。

好好考慮設計你自己的調合香，以求喚起特定的心態。那很好玩，可以實驗草本、油、樹脂的結合，直至找到你想要的為止。全新調合的香氣，可以為你帶來新的心智關聯，可能有助於療癒心智。或許最好的是，它們還可以讓你架橋銜接我們的世界，與風元素的魔法界域之間的差距。

註⑩：Thomas Kinkele, *Incense and Incense Rituals* (Twin Lakes: Lotus Press, 2005), 7。

10 用於聲音的魔力

空氣是許許多多傳導的媒介。它以風的形式傳輸能量，而且攜帶著我們感知為聲音和言語的振動波。風、聲音、言語賦予風元素生命和表達，它們可以是非常鼓舞人心的——舉例來說，當一股生氣勃勃的微風掠過你，想想你有何感覺。想像一下，聆聽著你最喜愛的歌曲，當音樂達到頂點時，感覺到你的脖頸後面雞皮疙瘩升起。來自你在意的人的愛的言語，可以使你盈滿崇高的能量和幸福快樂。允許風元素的這些對應關係，以類似的方式感動你，激勵你的風系魔法達到更大的高度。

風

留神觀察天空是一種古老而迷人的做法。當空氣鋒面碰撞且風起的時候，空氣中的電流感可能會不斷積累，積累到感覺就像魔法在你的指尖，準備好聽你發號施令。「天氣女巫」與這類能量一起運作。他們也運用自己的技能意圖改變天氣。

天氣魔法的歷史

有證據顯示，世界各地的人們，都執行著儀式和魔法實務，以求帶來他們渴望的天氣。第一個已知的天氣魔法引用文獻，出現在西元前八世紀的希臘史詩《奧德賽》之中。奧德修斯（Odysseus）請求四大風的統治者埃俄羅斯協助航行返家。埃俄羅斯送給他揚帆的西風，以及一牛皮袋綁好的風。西元前四世紀，希臘哲學家恩培多克勒也為他的風系魔法，使用一袋袋的動物皮革來捕捉風。在他的著作中，他說希臘附近有許多其他文化也知道天氣魔法，很可能是波斯人以及現今羅馬尼亞和保加利亞一帶的居民，但是那些文字紀錄可能已經丟失了好幾個世紀。根據西元前三世紀的古希臘史詩《阿爾戈英雄紀》（*Argonautica*）的說法，希臘水手經常嘗試天氣魔法。他們還向被稱作「卡貝羅」（Kabeiroi）的雙子神獻祭和祈禱，卡貝羅可以使風暴更快地吹過，讓天氣平靜下來。古代世界對天氣巫術的信賴非常強烈，因此西元第三世紀，一名男子被判處死刑，因為他束縛風，使船隻無法駛入君士坦丁堡港口。[11]

芬蘭境內也經常實做風系魔法。風系女巫用繩子打結，束縛風的力量，這種做法最早記錄於十四世紀。水手們買了這些施過魔法的繩索，然後在海上航行時解開這些繩索，一次一根。

每個鬆開的結釋放出更強大的陣風。這種天氣巫術一定很成功，因為這種做法持續了幾個世紀。一九三九年，風結（wind knot）仍舊搶手，而且據估計，時至今日，人們還使用著風結。

天氣魔法出現在莎士比亞的戲劇《暴風雨》（*The Tempest*）之中，當時魔法師普洛斯彼羅（Prospero）和他的魔寵愛麗兒（Ariel）製造了一場暴風雨，讓一艘小船撞上他的島嶼的海岸。天氣巫術也出現在《馬克白》（*Macbeth*）之中——人稱「怪異三姊妹」（the Weird Sisters）的三位女巫，結合她們的風創造一場暴風雨，擊沉了一艘大船。

如今，許多女巫和魔法師實踐著天氣魔法，它經常在節慶、婚禮、表演、比賽等戶外活動時，用於清除天空。就跟普通魔法一樣，由你決定你想要如何使用它。要保持安全且運用常識——如果你看見一道閃電，請將你的練習轉移至有遮蔽的地方。在最後一次的閃電雷擊後，至少等待三十分鐘，才可以再次到戶外探險。請覺察到陽光和雨水的需求——不管哪一種，過多都會損害莊稼和其他植物。如果距離上次下大雨已經有一段時間了，千萬不要僅僅為了想要另一個晴天而阻止暴風雨。

一般的天氣概念

天氣巫術建立在一些基本的大氣概念上。理解這些並不是必不可少的，但是知道這些實質事件，肯定會幫助你理解天氣如何運作。

風是太陽的能量和地球自轉的結果。當氣流在地球上空流動時，它們拾起下方的不管什麼東西，無論是來自水的濕氣或來自大地的灰塵顆粒。你總是可以觀察天空中有多少雲，據此判斷空氣中的水分含量。如果大地附近有許多雲，水的重量便增加空氣的壓力，用氣壓計測量顯示為低氣壓。某些敏感人士認為，這是一種不斷積累的張力。它可

註⓫：詹姆斯．弗雷澤（Sir James Frazier），《金枝：巫術與宗教之研究》（*The Golden Bough: A Study in Magic and Religion*），刪節版（Macmillan, 1922; Bartleby.com, 2000），https://www.bartleby.com/196/13.html，二〇〇九年九月九日存取。

能感覺起來壓迫沉重，尤其如果沒有風來緩解這股能量。有些人可能會感覺到這股壓力持續幾個小時，然後另一個空氣鋒面席捲進來，改變它。相反地，當天氣晴朗時，氣壓計測得高氣壓。許多人感受到這是一種比較輕盈的心境，比較沒有令人頹喪的壓力。

在任何給定的時間，往往有幾層氣流在我們的頭頂上方。有可能在靠近大地的地方有風暴雲，而上方則是晴朗的天空。當兩個溫度和濕度不同的空氣鋒面相撞時，結果通常是雷暴，帶著一種能量的交換，以雨、雷、風、閃電的形式釋放。氣流可能會遵循季節性模式，例如「聖嬰現象」，或是氣流可能主要從某個方向吹入。

如果你剛剛開始運用天氣巫術，請經常查看當地的天氣。方法包括：到戶外評估天氣感覺如何、使用天氣應用程式、線上追蹤天氣，或關注電視上的天氣報告。談到天氣巫術時，天氣頻道是特別有用的資源。如果你偏愛到戶外探險，請查看天空中的雲，它們的數量、形狀、高度。感覺風吹向哪裡，藉此確定這個天氣形態來自哪個方向。要尋找天氣的趨勢。根據你看見和感覺到的以及地平線上的情況，嘗試預測接下來幾個小時會出現什麼天氣。

當你對當地天氣的定期變化理出一個基準的時候，就可以開始玩天氣魔法。

用心念移動氣流

移動氣流通常有兩種方法。第一種是推動氣團，另一種是拉動氣團。這些全都涉及動用手邊的熱力學，以及想像你希望發生什麼事。如果你以前使用過靈氣且知道如何導引能量，那麼你將會奪得先機。

天氣女巫能夠完成的最美好事情之一是撥開雲層，尤其是在戶外的異教或巫術節慶時。這相當容易，而且只需要一點時間。聚焦在你的核心，看見你身體內有一顆能量火熱的球。將球握在雙手中，感覺它是多麼的熾熱和乾燥。慢慢地將球舉到天空中然後釋放掉，想像它向上移動，吹乾雲層，為太陽開路。

下次下雨而你沒有心情體驗雨滴滴落下，不妨嘗試讓暴風雨偏離軌道。在你的雙手中創造某個具有同樣溫度和濕氣的空氣團，將暴風雨朝某個方向推去。握住那個氣團片刻，然後將它導向你希望暴風雨前去之方向的天空。這將暴風雨推離你，至少持續一小段時間。如果這場暴風雨後方有一連串積累的暴風雨雲，你將需要持續執行這個動作。

另一種撥開雲層和避開暴風雨的做法，涉及以鑽石或風箏的形狀，將一個乙太結構投射在天空中。將長而窄的尖端指向即將到來的天氣，就在雲層的下方。想像這個結構有一個身體，它上升且向外張開，覆蓋住需要保護的區域。那些雲層將會在這個結構的尖端分開，飄到這個結構的任一側。

你也可以嘗試用你的心念將氣袋拉向你。舉例來說，如果你想要雲層覆蓋且天氣晴朗，請想像你有一隻乙太的手，可以將雲層拉到你附近。這將加快它們的行進速度，也稍微改變它們的行進方向。

許多時候，天氣魔法可以產生令人驚訝的成功結果。不過當然，有些時候，暴風雨的能量比你的能量大上許多。有時候，就是必須下雨，再多的意志力或想著晴朗的天空都無法改變這點。

天氣巫術起初可能看似很難，但是請持續練習。假以時日，它會變得容易許多。身為年輕的天氣女巫，我記得我使勁推動氣團，事後感到筋疲力竭。如今，我要做的只是：在心智上將我的能量投射到天空之中，同時懷著「它一定會推動那些氣團」的意念。實驗一下努力嘗試以及運用你的意志力，然後嘗試運用你的心智的力量。技術的結合，可能會為你帶來最佳的結果。

吸收天氣的能量

「吸收性天氣魔法」（absoptive weather magic），涉及從正在發生的任何天氣中吸收能量，這可能是晴天、暴風雪、刮風天、暴風雨或任何其他天氣。風愈猛烈，你可以利用的物理空氣能量就愈大。你也可以運用濕度、電力或空氣中的壓力，以上每一個都會影響你吸收到的能量。

為了吸收天氣的能量，要站在天氣中或靠近它，例如在窗戶打開的房子裡。增強你的呼吸且聚焦在當下時刻。盡可能地時常體驗大氣的情況。感覺吹在臉上和身體上的風、熱度（或缺乏熱度）、濕度（或缺乏濕度）、能量，請注意天氣是否發出任何聲音，例如嘶嘶地穿過樹枝，或是在建築物的拐角處呼嘯。最重要的是，感覺天氣的能量。

深吸一口氣，將這些感官覺受吸入自己裡面，吸入它們的能量，讓能量進入你的身體。將你的感官覺受延伸到自己之外，去感覺額外的能量，例如空氣中的電力。與這一切連結，將更多能量引入你自己裡面。

當你達到最大容量時，要導引那股能量，那股能量可以在儀式中用於顯化的時刻，也可以隨著你的意念被釋放，它可以用於任何一種風系魔法，例如召喚某個靈。它也可以用於其他天氣魔法——舉例來說，你可以吸收某場暴風雨的能量，將那股能量導引回到天空中，將那場暴風雨推向另一個方向。你可以想像光從你的雙手流入水晶或護身符之中，藉此將能量貯存在水晶或護身符內。這麼做可以儲存能量，供以後使用，就像電池一樣。若要改善總體情緒，或是當你想要在儀式中召喚魔法的風元素時，都可以使用這個方法。

當你完成魔法運作的時候，要完全地把氣息呼出並擺動身體，藉此將任何額外的天氣能量，釋放到你周圍的空氣中。做一次具滌淨功能的呼吸，吸進新鮮的能量。如果有必要，將雙手放在地上釋放能量，藉此使能量接地。

風結

就跟大海女巫一樣，你也可以把風打成一個個的結。當你想要將目前的天氣改變成其他天氣的時候，這些特別有用。傳統上，大海女巫打一個結代表大風，第二個結代表更強的風，第三個結代表風暴。不過，你可以利用附近任何微風的能量打結。你需要的只是一個大風天和一條至少三十公分長的繩索或絲帶。

走到戶外，站在風中，讓風從你身後吹來，吹過你整個人。最好你身後沒有任何東西可以阻擋風在你周圍移動。讓繩索或絲帶在風中懸盪。打第一個結，想像那風的能量被繩索或絲帶束縛住，同時說道：「風啊，我把你綁在這個結上。」只要那風還在吹，你就可以運用同樣的想像圖像綁其他的結，將風結存放在你的風系祭壇上。

當你想要將那風從風結上鬆開時，要一次解開一些，同時說道：「風啊，我把你從這個結中解放出來。」想像能量從那個結中流出來，獲得自由。

祈求四大風的神龕

如果你感覺到與魔法的風元素有連結，你可以為四大方向的風各別製作神龕。來自世界各地的幾種文化都與這四大風合作。對四大風的信任，取代了對四大元素的經典看法。

如果你願意，可以運用來自某特定文化（例如希臘、羅馬、凱爾特或北歐）的四大風的意義，或是指定屬於你自己的意義。要留神觀看天氣以及觀察風的性質，藉此找出你所在位置的四大基本風的含義。

在我住的地方，來自西方的風帶來大部分的天氣形態，所以我將西風與「順流而行」關聯在一起。來自北方的風往往很涼爽，有時候會下雨或下雪，但這是可以預見的。對我來說，北風代表涼爽和正常模式中的規律變化。來自南方的風通常是溫暖的熱帶風，有時候帶來猛烈的天氣，例如颶風。在我看來，這就像風元素熾熱而強烈的面向。來自東方的風零零星星，看似有點混亂。對我來說，東風是變故的始作俑者，也是敗犬冠軍。

當你渴望它們獨一無二的能量時，就召喚你需要的獨特的風，或是邀請多種風來施展大型魔法。召喚風並不意謂著你要求它們盡可能地多吹，你只是將它們的臨在和能量帶到你面前。換句話說，只要你不是同時要求所有風猛烈地吹，就不必擔心產生龍捲風。如果你喜歡與四大風一起工作，不妨考慮為它們製作專有神龕，或是如果有可能，為它們提供例如石頭之類的物質占位符號。

聲音

聲音和音樂，是每一個人都能理解的世界通用語言。德魯伊教僧侶們相信，音樂——特別是歌唱，威力非常的強大，可以治癒傷口。美洲原住民納瓦霍部落人民也相信這點——他們的治癒儀式採用歌唱的形式。音樂設定了特定的基調和能量，適合的音樂可以輕易地清除負面能量，將儀式空間的頻率轉移到你想要的焦點上。

魔法中的神聖聲音

與風元素對應的神聖聲音，包括鈴聲、鐘聲、頌缽、歌唱。你可以自己創建這些聲音，或是播放錄製的聲音。用它們來實驗，找到適合你的魔法運作的風格。你可能還希望考慮擁有不只一個鐘、鈴或缽。悅耳、高亢的音符，有利於高階振動的工作和儀式，那涉及例如顯化之類的靈性能量。深沉、共鳴的音調比較適合低階振動的魔法，例如身體或情緒工作。

鐘聲

在我的儀式開始之前，我時常用鐘來滌淨我的空間。隨著鐘的聲音響起，我想像振動和聲音在能量上清理空間。在畫好魔法圈之後，我再次敲響鐘聲，以此設定焦點和基調。在特別沉重的儀式之後，敲鐘也是宜人的，可以使心情輕鬆起來。當我完成魔法運作、解開魔法圈的時候，我最後一次敲鐘，以此清除任何剩餘的能量。在團體儀式中，敲鐘也是有效的方法，可以切斷喋喋不休、集中注意力、讓每一個人轉移到儀式的下個部分。

風鈴

另一種與風元素有關的樂器是風鈴，因為它們是被風吹動的。這些很讚，因為它們承認風和風元素，有時候是在你最意想不到的時候。站在門廊上，有風吹過，風鈴的聲音響起，沒有什麼比這更美妙的了。那感覺起來令人雀躍和振奮，彷彿任何事情都可能會發生。我住過的好幾個地方總是有風鈴，因為它們悅耳的聲音，使我的公寓或房子感覺起來更像家。

其他樂器

儘管許多樂器都可以代表風元素，但是某些樂器比其他樂器具有更多的風元素。吹奏樂器，或是運用呼吸來製作音樂的樂器，全都與風元素對應——舉例來說，長笛、雙簧管、單簧管、直笛、排簫。聆聽來自這些樂器的音樂，可以使你的心智更加開闊，增強心智能力，幫助觀想，促進通靈力量。

威力強大的言語

言語是威力強大的，它們創造機會和連繫，但是也可以同樣輕易地切斷或摧毀機會和連繫。許多人認為，說出來的話可以是最重要的風系工具。無論你是對自己耳語，還是凶狠地大聲說出來，還是用手語，言語都是最直接的溝通和表達形式，它們喚起圖像和能量。每一次說話時，我們都在聲稱我們想要什麼，而且呼喚那股能量來到我們面前。在我們的日常生活和儀式中，這是千真萬確的。

abracadabra 這個字，被認為可以翻譯成「我邊說話邊創造」。也就是說，不說話，就不會有創造。同樣地，某些魔法師相信，在沒有言語的情況下執行的魔法工作，幾乎是起不了作用的。與這個概念相關的是，日本人相信，每一個字都攜帶著它自己的神祕力量，有些具有創造的力量，有些具有毀滅的力量。許多人們相信，神和靈等待著

我們向空中說出我們的渴望，好讓他們能夠以那樣的方式改變我們的世界。

口語的力量

有一次，當我大約九歲的時候，我與大約三百個其他孩子一起坐在擠滿人的禮堂內，參加為期一天的太空營。那天上午和下午，我們與太空人、工程師、科學家一起談論他們所做的工作。

終於，到了我們全都殷殷企盼的時刻——當天最後的大抽獎。有熱氣球之旅或搭乘二次大戰戰鬥機飛行之類的獎項，觀眾席中的緊張氣氛顯而易見。一排又一排的孩子屈身向前，聽著主辦單位喊出獲獎者的名字。一個接一個，人人鼓掌，獲獎者走上舞台。很快地，他們喊出了六個名字，而我的名字並不是其中之一。我掃視了一下獲獎者，當我注意到他們全都是男孩子的時候，心中一股挫敗感驟然升起。女孩子約占學員的三分之一，可是根本沒有女孩子獲獎。我的胃裡竄起一股怒火。

主辦單位宣布了下一個獎項——搭乘噴射機旅行——然後在碗裡翻找抽獎券。我再也受不了了，使盡全力喊道：「選一個女孩子！」我的聲音太大，大到坐在我前一排的孩子們都嚇了一跳，紛紛轉過頭來，目瞪口呆地看著我的大膽行為。

我打賭你可以猜到接下來發生了什麼事。主辦單位掏出了一張抽獎券，揚聲器報出了誰的名字呢？我的名字啊。我超級尷尬，臉漲得通紅，但是我站了起來，穿過一片驚愕的臉龐，一路走向台上。

雖然如果我沒有將我的渴望大聲喊進擁擠的禮堂內，我可能還是會贏得那個獎項，但是我喜歡且寧願相信，口語的力量和我熱情的狀態，讓魔法發生在那一天。

信念與言語之間隱藏的鏈接

我們需要注意我們用什麼言語來形容自己和自己的能力，我們說的話創造出許許多多我們在生活中感知成有可能的事。如果你對自己有負面評價，請從魔法的風元素中得到暗示並做出改變。要決定從這一刻開始，用比較美好的話談論自己。當你像朋友一樣支持自己的時候，你在人生中就可以走得更遠，因為一定會有較少的自我糟蹋。只需要一點點定期的訓練，就可以用正向或中性的話取代負面的字詞。例如「我絕不可能那麼做」之類的措辭，變成了「我很願意學習如何那麼做！」例如「我今天真是糟糕」之類的想法，變成了「我自成一格，精彩極了」。

最終，我們口中的自己揭示了一個更深入的真相：我們相信自己到什麼程度。幸運的是，信念是另一種風元素的力量，很可能你的信念以及你的表達都需要被好好評估。

嗓音

口語的另一個面向是嗓音。當我第一次召喚某位神明或靈的時候，我記得我的嗓音在顫抖，我不習慣這種溝通方式。當我大聲說出我的第一個肯定語句和意圖的時候，我的嗓音同樣發顫。請求得到我想要的東西對我來說很陌生，因此這麼做得來不易。久而久之，我能夠更權威、更有力量地運用我的嗓音。學習如何表達自己，需要很長時間才能夠精通嫻熟，但是我很高興我開始踏上了這趟旅程。

重要的是，要擁有匹配的嗓音，符合你感覺你如何在世界上投射自己。沒有人可以控制自己的基因特徵，譬如嘴巴或喉嚨的形狀，但是可以努力更清晰地發音、減少鼻音、調高或降低你的音量、或運用橫膈膜使聲音聽起來比較不悶。如果你想要開發你的口語技能，請考慮諮詢語言治療師或加入某個公開演講的組織。你在短短幾小時內學到的技能，可能會為你帶來更多的自信，可以相信你的言語的力量，且在你想要的時候運用它們。

擁有強大的嗓音，並不是要符合標準或擁有「完美的口音」。這裡的重點是，擁有代表你的嗓音。當你認同自己的嗓音，而且你相信它的力量時，它便與其他人產生共鳴。當你想要使用它的時候，你將會不那麼膽怯——你將會更頻繁地為自己和他人暢所欲言。你將會運用你的嗓音，作為改變和正向成長的工具。

透過風元素

風、聲音、言語的魔法力量，長久以來一直被體認到。現在，在我們的時代，它們就跟以前同樣重要和有效力。在這些魔法研究中，某些研究可能比其他需要更長的時間才能嫻熟掌握。然而，聲稱更有能力對它們採取行動，提升我們的內在和外在的理解。所以，在風中呼吸，讓它啟發你。運用你的聲音，實在地說，讓聲音的力量提升你的魔法，這些風元素的力量現在聽你差遣。

11

用於風系靜心冥想、法術、儀式

魔法以思想的速度行進，運用我們的心智、呼吸、言語，我們將自己的心願傳達給魔法的風元素。無形的風帶著這股能量四處傳送，以對我們有利的方式影響著事物。

因為空氣是最能傳導的元素，所以在你的魔法實務進行期間，要覺察到你周圍的空氣。它可能會感覺起來更溫暖或更涼爽、更沉重或更輕盈，或是有刺痛感且導電。有時候，魔法實務中的充沛能量和力量，可能會使你感覺到彷彿正走過一團濃霧。當這種情況發生時，它表示能量的轉移已經發生了。

本章中的魔法實務之所以入選，是因為它們運用風元素的能量，為一個人的關係帶來更多的臨在感。可以將額外的風元素對應關係，增添到你的魔法之中，以此增加你可以利用的能量，也增添特定的含義。

對於本章中的靜心冥想，不妨考慮把它們記錄下來，事後播放，以便獲得最大好處。每當你完成一樁儀式時，喝喝水，吃點食物，藉此扎根接地，回到你的身體內。你可能想要躺下或放鬆——建議好好摟住你愛的人、看看書、靜心冥想、睡覺，或看看電視上的好節目。談到你需要的儀式後照料時，請遵循你的直覺。

與風元素接觸的魔法

風元素容器冥想

這種灌注力量的冥想，使身體和心智與魔法的風元素連成一氣。藉由將純淨的風元素能量帶入體內，你與風元素的擴展性、靈性，改變、溝通、靈感的面向，以及你想要帶來的任何其他風元素屬性連結。我運用這個技巧來確保我的心態是適當的，可以面對任何風系魔法，例如靈的工作或天氣巫術。

一開始先閉上眼睛。深呼吸幾次。隨著每次呼氣，釋放你的思想和情緒。想像你的思想和情緒，是你內在的微粒。每一次呼吸都將它們釋放到空氣之中，使你的能量更純淨。隨著每次吸氣，吸入魔法的風元素。想像這是一股刺激而振奮的能量，使你體內的能量更加清明。持續呼吸，直到你感覺到一種崇高的轉換為止。

想像你是一只盈滿魔法風元素的容器。你可以想像這是你體內的一股半透明能量，或是想像自己是一只透明的花瓶，充滿旋轉的空氣。持續深呼吸，讓你的容器充滿更多的能量。當你達到你可以處理的風系能量的頂點時，保持那個狀態一會兒，感覺到這股魔法的風元素在你裡面。只要你願意，冥想你就是那只容器。

當你想要將你的意識返回到比較扎根接地的狀態時，請呼出任何你不再需要的外來風元素能量，同時記住為自己保留少許。如果你需要額外的扎根接地，請想像你的身體與地球能量連結。將雙手放在你的身體上或地上，或是握住赤鐵礦（hematite）之類的接地石。假以時日，加上練習，你將能夠更輕易地傳導這股能量，在你需要的時候使用它。

魔法呼吸許願咒

每當你結合風元素的個人品質和魔法品質的時候，你就可以將你的呼吸從基本的日常作業轉化成為魔法呼吸。這可以用於出神工作和靜心冥想，可以滌淨物體，可以為物體增添能量，也可以將你的渴望傳送到這個世界中。人們最常用的魔法呼吸之一，是生日許願。幸運的是，你不必等待你的太陽回歸日。我建議使用帶有這個咒語的杯子蛋糕，來讓這個時刻變得非常特殊，不過使用燭台的效果也同樣好。

材料：
生日蠟燭
打火機
燭台或一個杯子蛋糕

點燃蠟燭，關掉燈，凝視著蠟燭的火焰。想想過去一年來你已經走了多遠，以及你想要去哪裡。唱一首歌——幾乎什麼歌都行，但它應該是為人灌注力量的。當你唱歌時，召喚你內在的魔法風元素。聽見你的言語的聲音，同時想像它們用聲波改變你周圍的空氣。繼續唱歌，直至你感覺到你的能量上升為止。

閉上眼睛，說出你心中的願望。需要多少時間，就花多少時間，把你的願望想清楚。當你準備就緒時，睜開眼睛，用你的魔法呼吸吹熄蠟燭，觀想這呼吸將你的願望傳播給在世界各地吹拂的四大風。吃掉杯子蛋糕，慶祝你的願望即將成真。

風滌淨咒

每逢刮風的日子，戶外有某樣東西令人能量滿滿，它總是激勵我去釋放我不需要的東西。若要執行風滌淨咒，你可以等待微風的到來，或是你可以去到一個有風的地方，例如山丘、山脊或一大片水域。如果不是你在開車，你甚至可以在搖下車窗的情況下這麼做。

材料：
有風的地方

起風時，將風吸入，感覺風觸碰你的衣服、身體、頭髮、肌膚。當你感覺到與風元素連結的時候，就說出以下這些話：

強風啊，滌淨我。
帶走我心甘情願地去除的能量。
讓它離我遠去，
遠離，再也看不見。

想像風吹過你，在能量層次滌淨你。釋放掉感覺好像想要離開你的任何東西——單純地放手讓它離開。想像你不需要的任何東西從你身上流走，隨風流逝。

快樂風鈴咒

即使你不在場，也可以在你的魔法中運用風的力量。在這個法術中，每當風吹過的時候，風鈴就表演快樂的魔法。

材料：
音色歡快的風鈴
橙花精油（neroli essential oil）

帶著你的風鈴出門，用橙花精油塗抹它們，深吸一口氣，聚焦在對你來說快樂感覺起來像什麼。用橙花精油塗抹每一只風鈴以及中間的鈴舌和風板。

將風鈴舉在空中同時說道：

強大的風元素，請與我同在！
用純淨快樂的能量，對這些風鈴唸咒施法！
每次風一吹，
願這個魔法得到更新，歡呼雀躍蔓延開來。

將風鈴舉在空中，直到風吹響風鈴為止。感謝風，然後把風鈴掛在時常有風吹的地方。

心智力量的魔法

心智敏銳茶咒

如果你想要更專注聚焦，一杯好茶可以大有幫助。這個簡單的咒語運用使心智清明且增加大腦血液流量的知名草本。雖然不含咖啡因，但是相當刺激心智，因此不建議在睡前一小時內飲用。

材料：

辣薄荷
銀杏
崩大碗
牛膝草
鼠尾草
小米草
檸檬草
混合草本植物的碗
燒水壺
茶壺
湯匙（如果有可能，請用銀製湯匙）
茶杯，為人灌注力量且與心智相關的風系色彩，例如紫色、藍色或白色。

將上述草本植物和碗放在你面前。一次一種，拿起一小撮每一種草本，先聚焦在該草本的能量，然後再將它放入碗中。所有草本均加入碗中之後，將這些即將製成茶的草本在空中輕拋幾下，以此攪拌它們。

若要調製茶，每只三百四十公克的茶杯用一根略圓的大湯匙。當茶在浸泡的時候，用那只銀製湯匙順時針攪動茶，同時背誦下述咒語：

有魔力的茶，隨著每一口啜飲
我召喚智慧、聚焦、機智。
洞見、聰明、清明、
分析、辨別能力、才能。
用風元素的實力賜福給我的心智。
所願如是，如我聲明！

用鼻子深吸一口蒸氣。將蒸氣溫暖的能量吸入你內在，導引它清理你的心智。當茶涼到可以飲用時，要感覺到那股正向能量增強你的心智。

正向思維符咒袋咒術

這款符咒袋非常提振人心——草本植物和水晶緩解煩憂，使你超越凌駕負向思維。那香味會持續相當長一段時間，聞一聞就可以將心智提升到比較正向的層面。

材料：
雛菊
小米草
羅勒
馬鬱蘭
薄荷
透明石英（白水晶）
魚眼石
螢石
碗

一塊色彩歡快的正方形布，大約你的手掌大小
足夠長的細繩或紗線，可以紮起袋子，也可以用它做成項鍊
辣薄荷油

握著每一種草本和水晶，與它們的靈連結，然後將它們加入碗中。全部都加入碗中之後，用右手食指混合它們同時說道：

負面的思想，離我而去。
我現在幸而擁有積極正向。
如我所願，本應如此。

將草本和水晶混合物放在正方形布上，然後在混合物上滴三滴辣薄荷油。深深吸一口氣，感覺到香氣滌淨和提振你的心智。用九個結將袋子繫好，代表選擇正向思想的智慧。

祈求客觀的儀式

這種儀式，使用來自古埃及金字塔的風元素煉金術符號和意象。埃及金字塔的基部包含死者及其所有物品。金字塔的金色頂部，作為不同的用途——它們有「貝努」（*benu*）的象形文字，「貝努」是酷似不死鳥的鳥，象徵轉化、重生、靈性、超越塵世俗物。

材料：
- 鼠尾草
- 月桂
- 檸檬草
- 牛膝草
- 薄荷
- 夏香薄荷
- 薰香炭和香爐

打火機
一張紙
筆

將上述草本一起磨碎，同時聚焦於在你的生命中獲得更多的客觀。點燃這款香。當它燃燒時，寫下在你腦海中重播的想法或圖像。舉例來說，你可能會寫下「卡住、絕望、空虛」。畫出風元素符號的下半部分，它的形狀類似等腰梯形或頂部被切掉的三角形。

這個形狀有四個邊，因此攜帶著數字四的能量，它與責任心、腳踏實地、成長連結。然而，當相位不佳時，它可能代表嚴酷的紀律、憤怒、評斷、十分謹慎、怨恨、工作太過努力、沉重的能量。這代表你此刻所在的位置，以及你希望超越凌駕的一切。描繪這個形狀四遍，同時想著你寫下的事項清單。當你準備好要取得客觀的時候，放下筆，深呼吸一下，然後唸誦下述咒語：

隨著每一次呼吸，我超越凌駕
這些我並不喜愛的無用想法。

深吸一口氣，吸入這款香的煙霧。將魔法的風元素帶進你的心智，感覺到你的能量開始上升。

再次拿起筆，在梯形上方畫出風元素符號（三角形）的上半部。由於三個邊，三角形和數字三，都與幸福、實力、客觀、溝通、慷慨、心智清明、童心未泯、機智、創造力相關。把你寫的第一批事情劃掉，然後寫下相反的東西。舉例來說，如果你寫了「卡住、絕望、空虛」，把它們劃掉，然後寫下「自由、有靈感、生氣勃勃」。

描繪這個新的三角形三遍，同時說道：

藉由洞見、清明，
以及充足的客觀，
我超越凌駕那些束縛我的想法。

描繪整個風元素符號五遍。五是自由、敏銳、主動的靈性能量的數字，它也是金字塔上的點數。想像從高處俯視你的問題。一年後這些課題還會困擾你嗎？五年後呢？說道：

我現在客觀地看見。

像不死鳥一樣，高高在上，自由自在。

將那張紙掛在薰香煙霧的上方，以此密封那個符號和你說的話，讓這款香完全燒光。

溝通魔法

口頭言語的力量咒術

許多人經常沒有說出他們真正想要的東西。大聲說出你的渴望的真相，是威力強大的。它增強你內在對那股能量的了悟，幫助你吸引你所追求的東西。這個咒術的重點在於：吸引某樣東西、成為某樣東西，或是它可以為你帶來大聲說出你的真理的勇氣。

材料：
薰衣草精油（用基底油稀釋過）
方鈉石

用稀釋過的薰衣草油塗抹你的喉嚨，然後將方鈉石放在脖子上。深呼吸幾次，想想你真正想要說的話。深入地吸氣，將魔法的風元素帶入你的肺部。只要你需要，就用清晰、有力的聲音大聲說話。你的話語的能量，將會進入風元素的魔法層，在那裡，它們將會開始影響你的身、心、靈。

賜福給溝通工具的咒術

溝通往往運用工具進行，例如鉛筆、鋼筆、紙、麥克風、電話、電腦。賜福給這些工具，可以協助你更有說服力地寫作或說話。如果你無法帶著你的桌上型電腦到戶外，那就帶上你的平板或筆電。

材料：

你的溝通工具

一棵有葉子的顫楊樹或接骨木

一罐來自泉水、溪流或湖泊的水

坐在那棵樹底下，擺出你的工具，讓它們接觸到樹幹。打開水罐，把水倒在地上。說道：

藉由這水，強大的樹木，

我請求賜福給你所看見的一切。

願正確的言語臨到我，

就像風元素吹在你的樹葉之間。

等待，直到那風吹過，保持原狀至少幾分鐘。當感覺適合離開時，將你的物品收拾好，感謝那棵樹，然後離開。

創造力蠟燭咒

創造力是一種被提升的溝通形式，包括思考、規劃、想像、聚焦在點子上。持續追求創意，可能需要大量精力，尤其是一開始的時候。幸運的是，有魔法捷徑。最好在製作好蠟燭後，立即進行創意工作，但是如果你需要耽擱一下，它還是會有效。

材料：
鉛筆
紙
沒有玻璃的藍色柱形蠟燭
一把雕刻刀
迷迭香精油（用基底油稀釋過）
打火機

用鉛筆和紙，為你的創造力設計一個符咒。它應該要表達出你的創意產品、目標，以及這個創造藝術帶給你的感覺。將那個符咒刻進藍色柱形蠟燭的中間，然後將稀釋過的迷迭香精油塗抹在蠟燭上，同時聚焦在你的符咒的能量上。將拇指按在符咒上，啟動它。說道：

願這根蠟燭供養我的創造能量！
只要它被點亮時，願它賜予我靈感和聚焦。

點燃那根蠟燭，開始你的創意工作。當你停止工作時，將蠟燭熄滅。

改變的魔法

創造全新開始的魔法罐

這只全新開始的魔法罐，運用幾個風元素的對應關係，來啟動你人生中的改變。

材料：

香

「愚者」塔羅牌卡

松針

杜松子

馬鞭草

當歸

鹽

鼠尾草

乳香

透明石英

一小撮剪下來的毛髮

一只罐子

剪刀

紙

鉛筆

點燃上述香，滌淨那張「愚者」牌卡，然後將它擺在你的祭壇上。將每一項原料都在薰香煙霧中過一過，先讓它們觸碰「愚者」牌卡，然後放進罐子內。剪一張可以蓋住「愚者」牌卡的紙，用那張紙蓋住「愚者」牌卡，然後用鉛筆輕輕描出牌卡的輪廓。將你的某個顯著特徵，畫在這張「愚者」牌卡上，例如你的某件珠寶或你的眼鏡。將那幅畫放進罐子裡。將薰香煙霧加入罐子，然後將罐子蓋好。把罐子埋進土裡或盆栽植物之中，彷彿你正在播下種子。持續三週，每隔一天澆水，而且告訴它，它愈長愈大。第四週當週，你可以從祭壇上取下「愚者」牌卡，自信地迎接新的開始。

驅散咒術

這個咒術利用風釋放你不再想要的能量，這是強而有力的方式，可以象徵性且如實地繼續前進。由於使用鉛筆或麥克筆，我們建議不要在水體附近或上方進行。

材料：

花瓣或葉子（乾燥或新鮮均可）

細尖的麥克筆或鉛筆
儀式刀（有沒有均可）

到一個有點私密的地方，你可以在那裡釋放花瓣或葉子，最好是隨風飄去。這個咒術的最佳地點，可能是公園中不常有人造訪的地段。

深吸一口氣，想起你想要釋放的課題。把它們寫在葉子或花瓣上。如果你不想將它們寫下來，請寫下一個象徵符號。當你準備就緒時，站著，讓風吹著你的背，拿著那些花瓣或葉子。說道：

我保留你們的功課的智慧，但是我釋放你們。
我釋放你們的能量，你們緊緊抓住我的能量，
以及你們對我造成的所有影響。
我不再需要你們。
我將你們的能量散播到世界的風之中。

釋放掉這些課題，一次一項，隨風而去。感覺到你寫下的東西乘著風旅行，離開你。這些問題不再是你的。想像這些課題的能量被地球轉化了，如果你願意，不妨使用儀式刀切斷你與那股能量之間的牽絆。完成後，轉身面對著風。深吸一口氣，吸入新鮮的空氣，感覺到你內在不同的能量。遠離你留下的東西，而且不要回頭。

召喚改變之風的儀式

任何時候，你希望你的魔法發生得更快，或是當你想要某個非魔法情境可以好好演出時，都可以召喚轉化和改變的能量。做到這事的一個方法是，召喚改變的風，也叫做四大風。

這個儀式運用希臘的風神們，叫做「阿涅摩伊」（Anemoi），已經寫過許多關於希臘風神的信息。它也從東方開始，因為東方是大部分魔法圈被建立起來的位置。不過，你可以使用不同的關聯，面向另一個方向開始這個儀式。

在戶外舉行這個儀式尤其令人興奮。風可能會吹過來，吹響風鈴，或是與你可能擁有的任何其他風吹玩具一起玩耍。如果你在室內舉行儀式，有可能的話，打開窗戶，或是利用風扇來攪動空氣。

材料：
香
打火機
魔法掃帚

點燃香，深呼吸一下，讓空氣填滿你的肺。呼氣，釋放任何想法或感受。手執魔法掃帚，面向東方，仰望天空和空中。在這個方向讀取風元素的能量，直到你可以感覺到風元素的意識為止。當你感覺到它覺察到你的時候，就對它喊道：

我召喚東風，歐羅斯，
雨水和溫暖的使者。
將祢的能量和力量傳送給我的儀式。
歡迎光臨！

轉向南方，感應到空氣中來自那個方向的能量，當它似乎活躍起來的時候，對它喊道：

我召喚南風，諾托斯，暑熱的使者啊！
將祢的能量和力量傳送給我的儀式。
歡迎光臨！

轉身面向西方，再一次感應西方的空氣，等待感覺到某個臨在。

我召喚西風，澤費羅斯，
溫和的春天微風之神。
將祢的能量和力量傳送給我的儀式。
歡迎光臨！

面向北方，等待著感覺到來自那個方向的靈。

我召喚北風，玻瑞阿斯，寒冷的使者啊！
將祢的能量和力量傳送給我的儀式。
歡迎光臨！
改變的風啊，我今天呼喚祢們，
請求祢們協助我改變我的處境啊！

說說你想要改變的情境，告訴祂們什麼需要被改變，以及你希望祂們如何改變。這些應該根據你的需求量身定製。舉例來說，要為你的人生帶來總體正向的改變，不妨這樣說：

風的靈們，我已經準備就緒
要在我的人生中轉化。
我請求祢們送來好的運氣、
好的經驗、好的人們給我。

如果你覺得創意受阻，不妨這樣說：

強大的風啊！
我召喚祢們，請求祢們移除掉我的創意障礙。
用祢們強大的力量，
讓我的創意能量再次流動！

如果你想要催生愛情魔法，不妨這樣說：

我請求祢們，噢，威力強大且吹過一切的風啊，
推進我在新月期建立的愛情魔法。
按照我建立的愛情咒語，
為我送來一位伴侶吧。

動作輕拂向上，用魔法掃帚掃過你周圍的能量。想像那股能量被提升到空中，看見

它被抛進風之中，看見祂們拿起它且改變它。在那股能量已經被拾起且得到轉化之後，請與魔法掃帚共舞，將那股能量提升得更高。嘗試用魔法掃帚長長一揮，掃一圈，或是在你旋轉時將魔法掃帚延伸出去，或是用手指快速旋轉，具體化現你想要擁有的能量。

當那股能量已經被提升了，站著，雙臂向外伸，雙腿張開至少與臀部同寬。說道：

吹吧，改變的風啊！
推進我的魔法。
移除我的障礙。
為我的人生帶來好運和改變。
所願如是！

想像你渴望的結果，並將它釋放到你上方的天空。當你感覺到那則訊息已經被接收到的時候，面向適當的方向然後釋放祂們。

北風玻瑞阿斯、西風澤費羅斯、

南風諾托斯、東風歐羅斯，
感謝祢們的幫助。我釋放祢們。

接下來幾週，注意風吹的時候。祂們可能正在設法引起你的注意。好好聆聽祂們要說些什麼。

旅行魔法

安全旅行護身符

旅行可能十分令人興奮，但是由於旅行是不斷的改變、額外的溝通、陌生的環境，它可能會損耗腦子。你可能需要額外增強風元素能量，才能準時上車，有能耐記住你攜帶的所有物品。創造這個法術，是為了確保安全的旅行和保有正向的心態。

材料：
辣薄荷油

大約小指頭大小的煙熏石英水晶
大約兩張郵票大小的小張鋁箔或錫箔

在出發旅行之前，將辣薄荷油、鋁箔或錫箔、煙熏石英握在雙手中。感覺到它們提振人心的能量，想像你在整趟旅行中成功順遂。將辣薄荷油滴在鋁箔上。將鋁箔捲起來，包住煙熏石英的中間，同時說道：

風元素的朋友們，我交給祢們這些任務：
賜給我安全、得到保護的旅行。
賜福給我的旅行連結，以及我休息的每一個地方。
使我保持心智敏銳和清明。
讓我用正確的話
在正確的時間對正確的人溝通。
願我的旅行是賜福給所有一切。
此咒如真。

將這個護身符，裝入你的旅行包或可隨身攜帶的東西。無論你走到哪裡，都隨身攜帶它，增添保護和運氣。

家是休息的地方咒術

這個咒術的開發目的是：無論你的旅行可能帶你到什麼地方，都隨身攜帶一點家的味道。它使用絨毛玩具以及許多風系對應關係。

材料：

研缽和研杵
一、兩小撮蒲公英絨毛
一片小小的紫草葉
一小撮一枝黃花屬的花（如果你容易過敏，就省略）
兩小勺泥土，來自你家的院子或盆栽植物（乾燥的）
兩、三小塊透明石英水晶

寵物的毛（如果你有寵物）
某位家庭成員的一小片乾淨舊T恤，切成幾小片（有沒有均可）
一只大碗
剪刀
絨毛玩具，例如鳥或蝙蝠
針和線

用研缽和研杵將草本植物研磨成粉末，加一點泥土，與草本植物一起磨碎。將此混合物與水晶、寵物毛、衣服，一起加入大碗之中。用剪刀小心翼翼地在絨毛玩具上不太顯眼的地方剪一個小洞。取出填充物：一半放入碗中，另一半擱置一旁。將碗中的所有材料好好混合在一起，蓋上蓋子，靜置過夜。

隔天，揭開碗蓋，用碗中的混合物重新填塞絨毛玩具。如果需要，將保留下來的填充物也塞回去。在旅行開始之前，縫合接縫，與你的絨毛玩具一起在家好好睡一覺。當該離家的時間到了，把絨毛玩具裝進你的旅行袋。抵達目的地時，把絨毛玩具取出，安置在你旅行時的睡床上。每當你需要再次感覺與家連結時，就擁抱一下那隻絨毛玩具。

為旅行賜福的墨丘利水系咒術

五月十五日當天，古羅馬人為墨丘利的誕生慶祝「墨丘利節」（Mercuralia）。他們切下一截月桂樹枝，將它浸泡在噴泉水中，然後將水灑在自己的頭上、商品上、船隻上。人們對墨丘利祈禱，希望祂會用幸運和財富祝福人們的未來。墨丘利是知識淵博的旅行者，而「墨丘利水」（Mercury Water）是絕佳的旅伴，它協助溝通、運氣、權力的能量。

材料：
月桂葉
剪刀
旅行裝噴霧瓶（即髮膠用噴霧瓶）
如果有可能，來自某泉水的水

將月桂葉切成長條，滑入噴霧瓶中。將泉水倒入噴霧瓶，邊倒邊說：

我召喚腳程快速的眾神信使墨丘利。
我請求你運用幸運、財富、智慧
在我的旅行中引導我！

搖晃噴霧瓶，將噴霧瓶放在太陽下一個小時。出發旅行之前，輕輕噴灑自己、你的行李、你的交通工具，以及隨身攜帶的任何其他物品。帶著這瓶水，抵達目的時，好好使用它。當你噴著瓶中水的時候，要說道：

墨丘利，我召喚祢。
我請求祢賜福給祢所看見的一切！

靈的魔法

吸引西爾芙的咒術

西爾芙是最小的風系精靈，擁有輕盈、歡騰的能量，他們非常友善，而且最喜歡玩要、被人看見、提供幫助。這個咒術運用泡泡來吸引他們，也讓你可以選擇以其他方式與他們合作。

材料：
泡泡
戶外

要與西爾芙交朋友，就去戶外吧，讓你的表情輕鬆、快活、友好。在你的行為舉止中傳導風元素。一開始，在你呼氣時聚焦在風元素，用你的魔法氣息吹泡泡。在重新潤濕泡泡棒與吹更多泡泡之間，說道：

來到我面前，西爾芙，風元素的精靈們！
我吹這些泡泡讓你們好好玩！

當你感覺到附近有一個光靈在場時，要鼓勵他玩泡泡，直到你看見他們做奇怪的事，例如在旋風中翻滾，或是在某一點靜止不動。你可以繼續為他們吹泡泡，這很可能會是好玩的體驗。或者，你也可以請求一位西爾芙為你工作。請求他為你執行一項簡單的任務，事後款待某物作為報答。舉例來說：

> 如果你告訴安德烈我會帶巧克力蛋糕參加聚會，我事後會為你點些香。

西爾芙可以進行少量的天氣魔法、轉達訊息、協助負擔較輕的智力問題，而且為你帶來創造的能量。如果你在祈請西爾芙的時候有麻煩，你也可以播放音樂或燒香來吸引西爾芙。如果風太大或你開始感到頭暈，那就感謝他們，向他們道別。

與鳥靈連結的咒術

鳥類是迷人的生物，不過我們很少與許多鳥類交流。如果你在魔法中與某隻特定的鳥兒一起工作，你可以與牠們的能量接觸。這個做法運用某種鳥類的羽毛，召喚某種鳥類的集體靈。除非你十分熟悉某種特定的鳥類，而且你覺得牠們會允許你與牠們連結，那麼這可能是與鳥類一起工作的最佳魔法。

材料：
一根羽毛

將那根羽毛握在雙手中，開始放慢呼吸。注意那根羽毛的所有特徵——色彩、圖案（如果有圖案）、羽毛的其他物質特性。將你的能量調頻對準這隻鳥的能量。想像這隻鳥在你面前，緩緩地對牠鞠個躬。叫喚牠的俗名三遍，然後說道：「你有什麼訊息給我？」仔細聆聽回答並感謝牠。

召喚靈的儀式

幾個文化都相信，靈吸收我們的祭品。風元素能量以焚香的形式呈現，這是召喚靈的優質供品。你可能希望召喚你死去的摯愛、某位魔寵（familiar）、某位繆思、某位守護靈，或任何其他你可能希望與他溝通的靈。

雖然你不需要舉行召喚儀式就可以與靈交談，但是這個過程讓會見新的靈顯得很正式，以此確保得到保護，免於有害或雜亂無章的靈。這個召喚術，還可以為你召喚之前你以比較隨意的方式召喚時沒有回應你的靈。

上香本身可以是一種做法，也可以被納入成為某個較大儀式的一部分。你可以隨時這麼做，但是在薩溫節（Samhain，譯註：蓋爾人的節日，標誌收穫季的結束和冬季的開始，約在每年十月三十一日傍晚到十一月一日傍晚）期間尤其有裨益，這個時候，世界之間的帷幕比較薄。這款香裡的草本植物，促進與各種靈的溝通。如果你無法燒香，不妨使用混合了精油和濃茶的噴霧瓶。

材料：

私人空間

至少三十分鐘

一根黑色蠟燭（任何尺寸均可）

來自第十二章的薩溫香

研缽和研杵
一顆炭餅
香座
打火機或火柴
占卜工具，例如塔羅牌
心魔之書
書寫工具

用燃燒的草本植物或你偏愛的方法，滌淨你的儀式區，在你周圍畫一個保護圈。為了確保與靈在一起的安全，請召喚「風的元素守護者」或使用具保護功能的措辭，舉例來說：

我召喚我的守護靈，
將多餘的靈魂隔絕在外。
除了那些將我的最高利益放在心中的靈（或我召喚的靈）之外，
任何靈都不得進入這個圈子。

點燃蠟燭，深呼吸，讓每一次呼吸滌淨你的思想，直到你像一只充滿空氣的透明容器。允許自己不知不覺地陷入一種輕盈的心智出神狀態。混合香，運用你的直覺，知道每一種成分的添加量。

用研缽和研杵將混合香磨碎。深深吸入混合香的氣味，允許它的香氣帶走你的思緒。當你磨碎混合香的時候，唸誦你的意圖，祈求這款香在這次召喚中的目的。舉例來說：

敞開我的心扉，與靈溝通。

如果你願意，可以更明確具體。當你愈來愈深層地陷入出神狀態時，重複幾遍這個意圖。讓你的能量與你的言語和草本連成一氣，直到你感覺到你們是同一個為止。

點燃薰香炭。讓它持續燃燒幾分鐘，同時靜心冥想。當炭餅準備就緒時，加入一小撮香且呼喚你的魔法回到你面前。召喚這款香來完成你用香編排的魔法工作。你可以聚焦在這款香，或將你輕輕推進的能量傳送給它，藉此做到這點。讓它對你的命令做出反應並活躍起來。你可以在香燃燒時聽見你說的咒語，藉此體驗到這種感官覺受，或是你可能會感覺到，當香燃燒時，能量隨著煙霧上升。如果你是個比較視覺化的人，你可能會看見香中的能量。

讓香飄向你，吸入燃燒草本植物的香氣。讓芳香滲透你的心智，並做出任何能量上的最後轉移，以便進入彼岸世界的心智狀態。

用清晰、強力的聲音召喚靈，說出那位靈的名字或目的，以及你對他的祈求。對著香說出你要說的話——讓你的話與煙霧結合，一起上升。舉例來說：

> 我召喚我摯愛的已故姨媽蘿莉・德馬科（Laurie Demarco）的靈。
> 蘿莉，我召喚你的靈，
> 請求你與我同在。我把這款香獻給你。來吧，
> 協助我完成我的魔法工作，祝福和保護這個家。

或是：

> 我召喚有興趣成為我的魔寵的靈。
> 來到我面前，讓你的臨在被知道。

當你覺察到有靈在場時，請求他們對你說話。運用你的第二聽力聆聽他們的聲音，可能聽起來好像你的念想，但是有不同的口音或聲音。好好聽聽他們怎麼說。詢問他們關於任何事情的問題，包括未來、你的現在或過去。你可以請求得到禮物或洞見。你甚至可以詢問關於其他世界的信息。

一旦你聽見他們的訊息，就把內容寫進你的心魔之書，這樣才不會忘記。你可能想要使用塔羅牌、擺錘，或某種其他形式的占卜來辨別訊息。你也可以嘗試用你的手自動書寫，與靈合作，或嘗試靈魂出體的經驗。如果你第一次會見你的魔寵，在你們之間建立起信任（最好經過幾次會面）之前，要先延緩任何重大的魔法行為。每隔幾分鐘為薰香炭添加額外的香，這使你的心態保持在彼岸世界，也持續滋養那些靈。

當你與靈說完話後，要感謝他們並與他們告別。一旦你感覺到他們消失了，就吸一或兩口氣，暫停一下。如果你願意，可以從你的胸口送出一陣燃燒的藍色或藍紫色能量，來清除魔法圈，直到你覺得魔法圈被清除乾淨為止。這將移除掉任何不屬於你的殘餘能量。不過，這麼做會消耗能量，所以，如果你的能量不足，或是你不熟悉這項綜合技術，請謹慎操作。如果你願意，可以召喚其他的靈。

完成這個儀式後，要感謝你的守護靈，解除魔法圈。吃些食物，喝些水，藉此扎根接地，回到你的身體內。靈的工作需要大量能量，對某些人來說，可能非常耗竭能量。覺察到這點，保護你免於能量上的宿醉，以及感覺被澈底摧毀。

如果你從這個實務做法中得到好處，那麼每當你召喚這些靈的時候，就用同樣的香。密切注意你使用的東西，以及它們多麼成功地協助你。根據你的需要更改製作配方，讓製作配方日益精進。你可能會想要運用這款香和方法，保持定期與他們接觸。

與靈溝通的自動書寫儀式

自動書寫（automatic writing）是一種古老的方法，進入出神狀態與靈溝通，同時寫下靈所說的話。出神狀態關閉大腦皮層（cerebral cortex），也就是大腦中負責思考和語言的部分。由於頭腦空空，自動書寫者讓書寫工具自行移動，或是提出問題然後接收答案。

材料：

心魔之書或紙

一支可以輕易地在紙上流動的筆，而且如果筆不動，墨水也不會漏出來
昏暗的房間
蠟燭（任何尺寸或形狀均可）
打火機或火柴

選擇一個你在幾小時內都不會被打擾的時間和地點，滌淨你的空間，建立保護圈，召喚你的守護靈。點燃蠟燭。

我點燃這根蠟燭，而且召喚一位有幫助的靈，
他心中只有我的最大利益。靈啊，現在與我同在，
我請求你協助我自動書寫
向我揭示世界的祕密。

摒除雜念，深吸一口氣，然後清空肺部。重複這個動作。下一次吸氣時，吸入風元素和靈的能量。讓這份感覺滲透你的心智和身體，把它看作是一團圍繞著你的能量。繼

續深入且有節奏地呼吸，遵照帶領你進入心智出神狀態的任何模式。

當你覺得準備就緒時，拿起書寫工具，握好，讓它接觸到紙張，用另一隻手按住紙。調整好自己的姿勢，使你可以舒舒服服地書寫。再次吸入風元素和靈的能量。讓你自己進入這股擴展的能量之中。讓筆開始隨著你的手移動。

如果這是你第一次嘗試自動書寫，請在思緒徘徊時放鬆手。要嘗試真正享受這種感覺，只是探索出現的事。一旦你覺得熟練了這點，就提出問題——詢問某些慣用語是什麼意思，這位靈是誰，為什麼某些事發生在你的人生中等等。這些問題可以被大聲說出來或寫下來。當你接收到來自這位靈的答案時，請繼續書寫，這是一種比較高級的技術，心智需要在表意識狀態到出神狀態之間轉換。

一旦你滿意了這種體驗，放下筆。感謝那位靈，讓他離開。讓任何額外的守護靈離開，打開保護圈。伸展一下，四處走走，藉此扎根接地，回到你的身體內。你可能也想要吃點和喝點什麼。如果筆跡亂七八糟，務必檢查一下你寫下的內容，重新謄一遍。這事發生得愈早，你就愈有可能得到正確的結果。

12

用於節日與風年輪

風元素就在我們身邊，然而它卻是我們看不見的一個元素。同樣地，風元素在我們生命的許多面向，也是同樣瀰漫滲透，儘管並不總是顯而易見。當我們選擇慶祝那些風元素最為突顯的特殊時刻之際，我們為風元素創造更多的空間。這可以增加我們的理解，更加認識到自己的心智過程、靈性、改變、溝通、幾個其他的風元素面向。

慶祝風元素的時刻

青春時代

風元素與生命的青春活力期對應，從出生到青春期。身為嬰兒，我們的第一口氣息標明著我們的生命的開始。兒童具體化現風元素活躍的、易變的、擴展的面向。我們的童年，是我們天天想像、學習新事物、探索周圍世界的日子。它也是我們學習如何交談、寫作、表達自己的時候。某些人也在年輕時，體會到他們的第一次靈性經驗。赫密士是與風元素的幾乎每一個方面最有關聯的神明之一，祂被描繪成一位小伙子。

慶祝新年

雖然許多女巫把薩溫節或耶魯節（Yule）當作新年來慶祝，但是日曆新的一年卻是從一月一日開始，而且第一個新年慶祝活動絕對是異教徒的。希臘神明雅努斯整個月都被敬拜著，但是一月一日尤其重要。在懸垂的槲寄生底下親吻摯愛的習俗，起源於德魯伊教（Druism），而在這一天喝酒則是羅馬人的傳統。新年的開始尤其是風元素的時候，它是重新開始和宣稱改變的時候。這時候，許多人堅定果決地寫下他們的新年新希望，這結合新的一年以及口頭言語或書面文字的力量。

生命發芽的春天

春天是與風元素相關的指定季節，它是清新的生命發芽的時候，五顏六色的花朵出現的時候，大風將它們的香氣吹向四面八方。空氣中有一種重新開始和新奇的感覺。春天是波瑟芬妮離開冥界、返回到我們世界的季節。羅馬女神芙蘿拉，也在這個時候因「花神節」（Floralia）而得到敬拜，這個節日發生在四月的最後幾天和五月的前幾天。

春天讓我們有機會深思，季節與我們生命中當前變化的含義，從寒冷的冬天進入一年中比較溫暖的部分。切花、吃水果和滋補的食物、播下種子，藉此慶祝春天，它也是為新的開始、希望、重生、繁殖力、成長、淨化施展魔法的絕佳時機。

返校上學的時間

在我居住的地方，大部分的孩子和大學生，都在暑假過後的秋天回到學校。這不僅是一個密集學習的時期，也是學年的開始。我記得它是一個重要的時間，尤其是在孩提時代。那個夏天我通常有許許多多的自由，可以做我想做的事，而我居然不介意回到學校。我記得新衣服、新的學校用品，以及感覺什麼事都可能會發生所帶來的興奮。尤其是最初幾天，盡是改變和討論想法。我可能已經浪漫化了這個時期，但是重新開始肯定是美好的。

畢業典禮

在學年結束時，隨著大量的測驗和智力的提升，慶祝一個人的成績的時候到了。畢業典禮是改變和可能性的關鍵時刻。它們通常有許多演講以及慶祝智力的成就，包括體認到致告別辭的學生代表所說的話。畢業帽具有特別的風元素意義——它們不僅代表聰明才智，而且傳統上它們是紅色的，意謂著血液。甚至將帽子扔向空中的動作，也象徵畢業帶來的改變——人生一個階段的結束，和另一個階段的開始。

靈性啟蒙儀式

正如學校畢業慶祝心智的成就一樣，靈性啟蒙慶祝靈的成果。在我們的魔法生活中，這些閾限經驗往往是新篇章的開始。

搬家

大部分的人都有必須從一個家走到另一個家的時候。搬家的動作可能是一大改變，尤其如果是搬到另一座城市，差不多一切事物都是新的，因此必須記住雜貨店和交通路線等必要場所的位置。近來，許多女巫使用燃燒的草本或薰香來滌淨、促進保護、移除新空間裡的停滯能量。

死亡

我們將會體驗到的最大改變之一，是在生命盡頭發生的改變，也就是死亡。即使是體驗到摯愛的去世，也可以帶來很大的改變，大到可以讓人感覺到，好像世界不一樣了。在這些時期，靈與死去親人的臨在，使我們更進一步地連結到風元素。

風元素與年輪

年輪上的日子，標明太陽和地球的重要時間。它們讓我們有理由慶祝和反思，我們現在在哪裡，我們曾經在哪裡，我們將要去哪裡。如果你在這些日子當天舉行儀式，或以任何方式觀察它們，那麼很可能風元素將會是其中的一部分。

本節中的點子，為你提供一種查看整年的風元素的方法。這些點子可以在節日當天用於儀式，或者你也可以在節日之前或之後的任何時間使用它們，好好觀察節日的時令，例如耶魯節的時令。

本節包含靈感來自年輪的香和茶的製作配方，以及燉鍋的食譜。我建議了大量這些製作配方和食譜的原料——如果你不是每一種原料都有，請隨意調整。每一個季節最令人回味的原料，被選來製作安息日香，包括許多與風元素對應的草本。調香的時候，除非另有說明，否則將各個原料以相當均勻的比例混合在一起。每一種原料一小撮，可能就是燒一顆炭餅所需要的分量。用研缽和研杵研磨這款香，直到原料混合均勻為止。如果你選擇使用精油或松樹汁之類黏稠的樹脂，那就省掉研缽和研杵，直接將精油或樹脂，添加到燃燒的薰香炭上，不需要與其他原料混合，這樣你的研缽和研杵便乾乾淨淨。

本節中的茶，選自代表風元素的對應草本植物清單。除非另有說明，否則將它們以相當均勻的比例結合。每杯茶使用大約一大匙草本，或是依據口味調整。浸泡三到五分鐘。溫暖月分的茶可以提前泡好並冷藏，才能獲得提神的時令飲品。

燉鍋是使用草本和創造小型廚房巫術的絕妙方法。它們不僅散發出美妙的香氣，而且還有濕潤風元素的額外好處，這在乾燥的冬季尤其好。若要製作燉鍋，將配料扔進爐子上的小型平底深鍋中。加水直到平底深鍋大約四分之三滿。水沸騰後微滾五分鐘，然後調成文火慢煮。好好享受飄過整間廚房的香氣。一小時大約加水兩次，或是在水少的時候加水。可以用萬用壓力鍋代替燉鍋。

耶魯節或冬至

這個冬季安息日，標明一年中最短的一天，也慶祝太陽的重生。這時候，涼爽的空氣瀰漫著松樹、芳香蘋果酒、涼爽薄荷糖、溫暖水果蛋糕的快活香味。空氣中盡是節日音樂和鐘聲，儘管漫長而黑暗的夜晚，卻讓事物感覺起來更加生氣勃勃。一年的這個時間，與奧丁帶領「狂獵」穿越天空有關。

當你在耶魯儀式中召喚風元素的時候，請憶起空氣驟冷、節日的香氣、鐘鈴的聲音、重生太陽的能量、新的陽曆年的曙光。

耶魯節香

乳香、沒藥、鼠尾草、杜松子、月桂葉、肉桂（肉桂棒碎或粉末）、丁香、松樹或雲杉（芳香針葉或樹脂）、半份肉荳蔻皮粉、橙油。

耶魯節燉鍋

一根十二公分長的肉桂棒、一大匙丁香、一截十五公分長的松針、五片月桂葉、一茶匙橙皮、一茶匙粉狀肉荳蔻。

聖燭節

聖燭節（Imbolc）慶祝光明的回歸。到那個時候，顯然白天愈來愈長。在北半球的許多地方，大地仍舊寒冷，除了從一處溫暖的地方旅行到另一處溫暖的地方外，幾乎沒有什麼戶外活動，這是為什麼許多人將聖燭節與壁爐聯想在一起的原因。這是一年中最適合在廚房閒晃、製作香料餅乾和美味燉肉燉菜、點燃蠟燭、與親人們一起盡情吃喝的最佳時間。聖燭節的重點在於，在什麼也沒有的地方創造溫暖，信任年輪將會再次轉動。這個節日幫助我們，針對即將到來的陽光月分興起歡快而美好的想法。傳統上，這個節日也慶祝布麗姬，這位愛爾蘭女神掌管火、療癒、詩歌、繁殖力、金屬鍛造等等。

聖燭節也是用魔法掃帚打掃家裡、進行住家滌淨儀式的好時機。

當你在聖燭節祈請風元素的時候，要想起所有正在發生的新的開始、改變、光、轉化。想想外面刺寒的空氣，以及冰雪的氣味。你也可以為它的創新精神，召喚固定星座水瓶座的能量，可以幫助你度過最寒冷的時候。

聖燭節香

黑胡椒粒、多香果粉、肉桂粉、薑粉、丁香粉、香草豆（vanilla bean）、月桂葉碎（crushed bay leaves）、白柯巴脂。

聖燭節燉鍋

半大匙多香果粉、一根十二公分肉桂棒、一大匙薑粉、一大匙丁香、半顆香草豆（或一茶匙香草精）、半大匙肉荳蔻、兩片月桂葉。

奧斯塔拉節（Ostara）或春分

一年中的這個時候，白天和黑夜等長，空氣中瀰漫著潮濕泥土、融化積雪、番紅花屬（crocus，複數 croci）、雪花蓮（snowdrop），乃至水仙花（daffodil）等早春花朵的氣味。鳥類銜草築新巢，托住生下的蛋。春天來了，改變在空氣之中，一切似乎新鮮而充滿希望。

這些奧斯塔拉節製作配方，喚起新鮮的綠色香氣以及根的泥土氣味。茶的味道清新而潔淨——綠茶和檸檬草提神，而蒲公英、藥蜀葵、纈草根，則為奧斯塔拉節注入完美平衡的泥土味，就跟春分一樣。

當你在春分時祈請風元素的時候，請使用平衡的能量、春天花朵的香氣、鳥兒的聲音，好好回想起希望和改變的心態。

春分香

三葉草花、蒲公英根、藥蜀葵根、檸檬草、一丁點纈草根、茅香。

春分茶

綠茶、三葉草花、蒲公英根、藥蜀葵根、檸檬草、馬尾草（horsetail）、一丁點纈草根。

貝爾丹火焰節（Beltane）

在這個美麗的安息日，空氣清新而芬芳，幾乎到處都是盛開鮮花的香氣。春天肯定已經來臨了，這點顯而易見，因為蜜蜂四處嗡嗡響，鳥巢中的小鳥嘰嘰喳喳。這個時候與通靈能力、靈、創造力相關，許多人們相信，世界之間的帷幕更薄了。

當你在貝爾丹火焰節的儀式中召喚風元素的時候，請祈請盛開花朵的香氣，以及愉悅和愛的心態。

貝爾丹火焰節香

茉莉花或油、馬鞭草、洋甘菊花、達米阿那葉、依蘭油（ylang ylang oil）、橙花油。

貝爾丹火焰節茶

薰衣草花、木槿（hibiscus）花、玫瑰花瓣、紅三葉草、茉莉花、洋甘菊花、達米阿那葉。

利塔節（Litha）或仲夏

仲夏是一年中白天最長的時間，這時候莊稼強健，夜裡還可以享受到陽光。有魔力的仲夏香和茶的草本香氣，具有提振精神，以及將太陽的能量帶入五感的力量。如果你從自家花園中採收任何原料，它們尤其好得驚人。

當你為你的仲夏或利塔節儀式召喚風元素的時候，請祈請在頂峰狀態的太陽的靈、綠人或綠色的東西、莊稼和草本的綠色香氣、實力和繁殖的心理狀態。祈請雙子座溫暖、圓滑的打趣，以及符合我們的意圖的夏季變動面向。

有魔力的仲夏香

檸檬草、百里香、迷迭香、薰衣草葉或花、貓薄荷、香芹、鼠尾草、薄荷、啤酒花。

有魔力的仲夏茶

金縷梅、綠色鼠尾草、百里香、貓薄荷、三葉草花、蓍草花、啤酒花、辣薄荷、少許迷迭香。

豐收節（Lughnasadh 或 Lammas）

在豐收節的時候，收穫是豐富的。空氣中仍然瀰漫著鮮花的香氣，但是在高大的莊稼和植物中，可以看見更多的成熟。日照量逐漸減少，但是熱度通常更加強烈。傳統上，這是一年中第一批穀物收穫和麵包製作的時間。空氣中盈滿著鳥和昆蟲的甜美聲音，使白天和黑夜都感到舒適和平靜。

當你在豐收節召喚風元素的時候，要考慮一下從你所做的工作、烤麵包的香氣、自然界的音樂中收割回報。

豐收節香

乳香、當歸根、龍血、蓍草花、馬鞭草、迷迭香、半份生薑。

豐收節茶

蓍草花、崩大碗、馬尾草、馬鞭草、刺五加（eleuthero ginseng）、迷迭香、半份乾燥檸檬皮。

馬布節（Mabon）或秋分

秋分標明溫暖的夏日改變了。夜幕降臨得更快，某些夜晚可能在空氣中有些寒氣。在遙遠的北緯地區，樹葉開始變色。馬布節是第二次收穫，這時許多水果和蔬菜都被收穫了。這是晝夜等長的時間。秋分過後的時刻，絕對是比較涼爽、比較被黑暗支配的時候，標明六個月向內的旅程。馬布節是為冬天積聚儲存的時候，也是讓土地和我們的心智，為即將到來的事物做好準備的時候。

當你在秋分召喚風元素的時候，要祈請光明與黑暗之間的平衡，以及蘋果、南瓜、番茄、草本植物的香氣。發揚天秤座正義與公平的價值觀，而且運用那股基本星座的能量，創造可以持續整個漫長冬天的和平與愛。

秋分香

檀香（片或粉）、肉桂、沒藥、丁香、小荳蔻、依蘭油、一丁點香根草（vetivert，香根草植物或油）。

秋分茶

雙份紅茶、乾橙皮、肉桂棒碎、半份丁香、小荳蔻莢（裂開的）、生薑。

薩溫節（Samhain）

每年這個時候，乾枯的樹葉在腳底下劈啪作響，且空氣時常有寒意。或許你可以感應到帷幕變薄，以及有靈的空氣多麼濃稠。薩溫節是第三次收穫，這時候，花園的花沒了，沒有莊稼待收成。傳統上，這是選擇性宰殺牲口的時間。

當你在薩溫節召喚風元素的時候，要召喚祖先的靈、智慧、改變、堆肥的氣味。

薩溫節香

艾蒿、肉荳蔻粉或精油、甜茴香、百里香、當歸根、小米草、馬鞭草。

薩溫節燉鍋

一茶匙肉荳蔻粉、一顆八角、一顆切片的蘋果、一根十二公分肉桂棒、一大匙丁香、半大匙多香果粉。

一週七天對應的神明及行動

一週七天有許多關聯，以及對應的神明和行動。然而，可以從關於魔法運作的風系視角來看待這些。本節中的信息，只涉及當天與風元素對應的部分。

- 週一與塞勒涅、赫卡特、靈有關。週一是更好地控制情緒，以及靜心冥想的好時機。你也可以嘗試星體投射、招魂術、占卜。改變的魔法在這一天也大受青睞。
- 週二是瑪爾斯的日子。儘管瑪爾斯不是風元素神明，但是這仍然是對你一直想做的事採取行動的好日子，這一天的能量可以用於正義、淨化、尋求真理的魔法。
- 週三與墨丘利、赫密士、雅典娜、奧丁有關。適合這一天的風系魔法包括：採取行動、溝通、開展業務、發揮創造力、旅行、運用你的聰明才智。
- 週四與雷神索爾、朱諾、朱彼特、宙斯連結。在你的魔法中運用這一天的擴展力量，祈求豐盛、正義、自由、權力、領導力、成功。

●週五由弗麗嘉統治。它是施展溝通魔法的好時機，尤其是與你愛的人溝通，它也可以用來淨化心念以及帶來更大的智慧。

●週六與薩圖恩和赫卡特有關。隨著從工作週間過渡到週末，要運用這股能量做出改變、滌淨、約束、驅逐、創造更大的自由和自律。

●週日是太陽以及赫利俄斯、拉、密特拉斯等太陽神的日子，運用這一天的魔法能量著手新的專案（尤其是在日出時）、採取行動、發揮創造力、積累豐盛、探索願景。在這一天受到祝福的其他魔法工作包括：正義工作、領導能力、名聲、精練心智的力量。

擁抱當下時刻

我們有無數個日子，有機會仔細深思自己生命中的風元素。我們的成就以及季節的更替，反映出我們自己內在的改變以及世界的改變。好好運用這些時機，培養靈活有彈性且適應性強的心智，擁抱當下時刻的所有恩賜。

結語

嫻熟掌握風元素，需要我們具體化現它的許多面向。我們必須成為改變自己人生的主宰者。我們必須向外冒險，進入風元素的未知領域，帶著更多的知識回來。我們必須能夠聚焦、溝通、採取行動、適應不斷改變的世界。幸運的是，風元素獎勵渴望「知曉」的人們，它向尋求知曉的人們揭示它的祕密。

當然，真空之中沒有任何元素存在。四大元素之間的平衡是必不可少的。它們的能量共同創造出生命的動力——心智、身體、靈。當這些元素和諧一致的時候，我們才能真正地茁壯成長。雖然我個人很喜歡風元素，但是我正在期待與其他元素培養更密切的關係，我希望你也可以找出它們的視角、能量、智慧。

我想要留給你一份風元素的祝福。我對你的祝願是這樣的：每一次你抬頭仰望頭頂上方的天空，願你接收到一切與風元素有強力關聯的祝福。願天空提醒你本書中最深刻的功課。對每一個人來說，這些必然不一樣——對某些人來說，天空將會提醒他們要好好呼吸，並擴展自己的能量；對其他人而言，他們將會憶起要更加頻繁地運用辨別能力和邏輯，或許它將會啟發你去感覺風中的靈，或透過風元素的魔法界域傳達你的心願。

無論你個人的功課是什麼，我希望它為你帶來雙翼和視角。非常感謝你與我一起共享這趟飛行。

誠摯地與您分享。

致謝

首先，感謝我丈夫提姆（Tim），感謝我們偉大的愛，感謝使我保持腳踏實地，感謝總是找到我的眼鏡，感謝用他有創意的工作倫理啟發我。接下來，大大感謝思嘉麗（Scarlett）、艾許絲（Ashes）、安德莉亞（Andrea）、卡瑞（Kari）、克莉絲汀（Chrinstine），感謝我們啟發靈感的對談，以及十分具支持作用的友誼。我也感謝我媽、姊妹以及其他家庭成員，感謝他們的持續支持和愛。

特別要感謝我的鹿林（Llewllyn Publications）編輯海瑟・葛林（Heather Greene），因為她的聰穎洞見，讓我的著作變得更好。我何其幸運，可以與這樣有條理且聰明伶俐的人合作。也感謝鹿林出版公司出手幫忙的其他員工，感謝有人相信我的作品是無價的。

感謝我所有在「神之路異教徒」（*Patheos Pagon*）網路媒體的優秀筆友，他們全力支持，幫忙提高我的聲音，尤其是傑森・曼基（Jason Mankey）、布莉安・雷文渥夫

（Brianne Ravenwolf）、麥特・歐林（Mat Auryn）、辛蒂・布蘭寧（Cindy Brannen）、菲倪克絲・勒菲（Phoenix LeFae）、格維昂・雷文（Gwion Raven）、蘿拉・坦佩斯特・扎克洛夫（Laura Tempest Zakroff）、克爾登（Kelden）、莉莉絲・朵西（Lilith Dorsey）、德文・韓特（Devin Hunter）、麗莎・布蘭德（Lisa Bland）、艾略特・德瑞克特（Elliot Director）、格溫（Gwyn）、米莎・麥德林（Misha Magdalene）、伊莉桑雅・穆恩（Irisanya Moon）。也感謝這個社群裡的其他人，尤其是梅格・羅森布里爾（Meg Rosenbriar）、露易莎・布雷克索恩（Louisa Blackthorn）、麗莎・瑪莉・巴索（Lisa Marie Basile）、露娜・克羅利（Luna Crowley）、布莉昂妮・西爾弗（Briony Silver）、克里斯・法利斯特（Chris Forester）、史蒂芬・因特密爾（Steven Intermill）、卡爾（Car）、歐德（Ode）、賈姬・史密斯（Jacki Smith）、美嘉・希爾斯（Mika Hills）、瑪薄荷・賽維吉（Mabh Savage）、艾弗烈・維洛霍克（Alfred Willowhawk）、肯德菈・麥克馬韓（Kendra McMahan）、卡兒莉・羅斯（Carly Rose）、珍妮佛・威廉斯（Jennifer Williams）、曇・羅伊斯（Tam Rois）與戴爾・羅伊斯（Dale Rois）、黛比・路易斯（Debbie Lewis）、露娜・伊克利普斯（Luna Eclipse）。

感謝我的其他好友們：芮艾儂（Rhiannon）、瑪莉（Mary）、蘿拉（Laura）、賽斯

（Seth）、泰提雅菈（Tatiara）、阿莉（Ali）、史蒂芬妮（Stefanie）、潘妮（Penny）、海瑟（Heather）、艾咪（Amy）、喬（Joe）、米兒（Mere）、海莉（Haley）、雪伊（Shay）、薇姐（Vida）、凱莉（Keri）、瑟蕾莎（Theresa）、裘兒（Joelle）、朵麗安（Dorian）、菲妮克絲（Fenix）、潔西卡（Jesica）、愛莉許（Irish）、科琳（Colleen）、加布里埃爾（Gabriel）、凱芮（Kerrie）、克里斯（Chris）、莎麗（Shari）、莉薩（Lissa）、萊絲莉（Leslie）、泰咪（Tammy）。也感謝「直覺巫術」（Intuitive Witchcraft）臉書團體的每一個人——你們實在太厲害了。

感謝瑪莉亞（Maria）以及我在「芭芭雅嘎小屋」（Baba Yaga's Hut）的其他朋友。感謝莎蓮娜．福克斯（Selena Fox）、「圈子保護區」（Circle Sanctuary），以及「異教靈聚會」（Pagan Spirit Gathering）的每一個人，這些年來一直啟發我，尤其是教授奇妙的天氣巫術工作坊的蘇蘇．古蒂（Susu Goody）與潘妮．古蒂（Penny Goody）。

感謝我當地的編寫組以及我的小說粉絲，你們走過了《轉化之屋》（*The House of Transformation*），為《女窈窕兮無情》（*Belle Dame Sans Merci*）重新集合在一起。最後，我要感謝凱斯伯（Casper）與克羅（Crow）持續的啟發與引導。

附錄：風系魔法關鍵字綜合對照表

關鍵字	心智、想像、思想、溝通、靈、改變、擴展
方向	東方（或北方）
季節	春天（或冬天）
一天中的時間	黎明（或夜晚）
星座	雙子、天秤、水瓶
行星	水星、木星、天王星
塔羅牌	寶劍牌組、愚者、皇帝、正義、審判
脈輪	喉輪、眉心輪、頂輪
工具	劍/儀式刀、香爐、鐘或鈴、有時候是魔杖
香	雪松、柯巴脂、乳香、沒藥、檀香
元素精靈	西爾芙
顏色	黃、白、天藍、紫
寶石	紫水晶、紫龍晶、螢石、青金石、綠玻隕石、石英、方鈉石

植物	荷蘭菊、蒲公英、薰衣草、薄荷、香芹、迷迭香、鼠尾草、百里香、馬鞭草
樹木	顫楊木、月桂樹、接骨木、冷杉、山楂、榛樹、椴樹、楓樹、橡樹、核桃樹、金縷梅、紅豆杉
自然地物	羽毛、昆蟲翅膀、煙
動物	所有鳥類、蝙蝠，以及蝴蝶、蛾、蜻蜓、蟋蟀、蜜蜂等會飛的昆蟲
神明	雅典娜、奧賽特、阿依妲·韋多、赫密士、荷魯斯、伊南娜、朱彼特、奧芭塔拉、奧丁、奧雅、烏拉諾斯、宙斯
五感	嗅覺、聲音
魔法功課	知曉

參考書目

Adler, Margot. *Drawing Down the Moon: Witches, Druids, Goddess-Worshippers, and Other Pagans in America.* Revised Ed. New York: Penguin Books, 2006.

Agrippa, Heinrich Cornelius. "Occult Philosophy Book 1: Natural Magic." Joseph H. Peterson, 2000. Accessed November 24, 2019. http://www.esotericarchives.com/agrippa/agrippa1.htm#chap3

Agrippa, Heinrich Cornelius. "Occult Philosophy Book 3: Ceremonial Magic." Joseph H. Peterson, 2000. Accessed November 24, 2019. http://www.esotericarchives.com/agrippa/agripp3b.htm.

All Nursery Rhymes. "One for Sorrow." Accessed November 27, 2019. https://allnurseryrhymes.com/one-for-sorrow/.

Alvarado, Denise. *The Voodoo Hoodoo Spellbook.* San Francisco: Weiser Books, 2011.

Attar, Farid Ud-Din. *Conference of the Birds.* Translated by Afkham Darbandi and Dick Davis. London: Penguin Classics, 1984.

Alexander, Skye. *Modern Guide to Witchcraft: Your Complete Guide to Witches, Covens, & Spells.* Avon: Adams Media, 2014.

Apuleius. *The Golden Ass Or, A Book of Changes.* Translated by Joel Relihan. Indianapolis: Hackett Publishing Company, 2007.

Baribeau, Renee. *Winds of Spirit: Ancient Wisdom Tools for Navigating Relationships, Health, and the Divine.* New York: Hay House, 2018.

Bauer, Susan Wise. *The Story of the World: History for the Classical Child. Volume 2: The Middle Ages From the Fall of Rome to the Rise of the Renaissance.* Second Edition. Charles City: Peace Hill Press, 2007.

Basile, Lisa Marie. *Light Magic for Dark Times: More Than 100 Spells, Rituals, and Practices for Coping in a Crisis.* Beverly: Fair Winds Press, 2018.

Basile, Lisa Marie. *Magical Writing Grimoire: Use the Word as Your Wand for Magic, Manifestation &Ritual.* Beverly: Fair Winds Press, 2020.

BBC News. "Fairy Tale Origins Thousands of Years Old, Researchers Say." Published January 20, 2016. Accessed March 21, 2020. https://www.bbc.com/news/uk-35358487.

Blake, Deborah. *The Witch's Broom: The Craft, Lore, and Magick of Broomsticks.* Woodbury: Llewellyn Publications, 2014.

Blakely, Sandra. *Myth, Ritual and Metallurgy in Ancient Greece and Recent Africa*. Oxford: Cambridge University Press, 2006.

Borges, Jorge Luis. *The Book of Imaginary Beings.* Translated by Andrew Hurley. New York: Penguin Group, 2005.

Brand, John, and Henry Bourne. *Observations on Popular Antiquities.* London: J. Johnson, 1777.

Brown, Ann. "How Many Breaths Do You Take Each Day?" The EPA Blog. Published April 24, 2014. Accessed 7/3/2019. https://blog.epa.gov/2014/04/28/how-many-breaths-do-you-take-each-day/.

Campbell, Polly. "Movement Can Help You Feel Better—Fast." *Psychology Today*. Posted January 23, 2013. Accessed December 11, 2019. https://www.psychologytoday.com/us/blog/imperfect-spirituality/201301/movement-can-help-you-feel-better-fast.

Chevallier, Andrew. *Herbal Remedies (Eyewitness Companions)*. New York: DK Publishing, 2007.

Cunningham, Scott. *Cunningham's Encyclopedia of Crystal, Gem, and Metal Magic.* Second Edition. Woodbury: Llewellyn Worldwide, 2018.

Cunningham, Scott. *Wicca: A Guide for the Solitary Practitioner.* First Edition, revised. Woodbury: Llewellyn Worldwide, 2004.

Daimler, Morgan. *Fairies: A Guide to the Celtic Fair Folk*. Alresford: John Hunt Publishing, 2017.

Davies, Owen. "The Rise of Modern Magic." In *The Oxford Illustrated History of Witchcraft & Magic*, edited by Owen Davies, 167–194. Oxford: Oxford University Press, 2017.

De Blécourt, Willem. "Witches on Screen." In *The Oxford Illustrated History of Witchcraft & Magic*, edited by Owen Davies, 253-280. Oxford: Oxford University Press, 2017.

Dell, Christopher. *The Occult, Witchcraft & Magic: An Illustrated History*. London: Thames & Hudson, 2016.

Dias, Brian G. and Kerry J. Ressler. *Parental Olfactory Experience Influences Behavior and Neural Structure in Subsequent Generations*. Nature.com. Published December 1, 2013. Accessed December 28, 2019. https://www.nature.com/articles/nn.3594.

Dictionary.com. "Neopaganism." Accessed December 21, 2019. https://www.dictionary.com/browse/neopaganism.

Dubats, Sally. *Natural Magick: The Essential Witch's Grimoire*. New York: Citadel Press, 2002.

Emba, Christine. "An Entire Generation is Losing Hope. Enter the Witch." *Washington Post*, published November 13, 2018, accessed December 28, 2019. https://www.washingtonpost.com/opinions/an-entire-generation-is-losing-hope-enter-the-witch/2018/11/13/a939001e-e6c9-11e8-bbdb-72fdbf9d4fed_story.html.

Encounters With the Good People. "Encounters with the Good People." Last modified December 10, 2019, accessed January 2, 2020. https://encounterswiththegoodpeople.com/index.php/category/story/.

Faerywolf, Storm. *Betwixt and Between: Exploring the Faery Tradition of Witchcraft*. Woodbury: Llewellyn Publications, 2017.

Filan, Kenos. *The Haitian Voodoo Handbook: Protocols for Riding with the Lwa*. Rochester: Destiny Books, 2007.

Frazier, Sir James. *The Golden Bough: A Study in Magic and Religion*. Abridged ed. New York: Macmillan, 1922, Bartelby.com, 2000. Published 2000, accessed September 9, 2019. https://www.bartleby.com/196/13.html.

Garrett, Lynn. "Season of the Witch: Mind Body Spirit Books." *Publishers Weekly*. Published August 2, 2019. Accessed December 28, 2019. https://www.publishersweekly.com/pw/by-topic/new-titles/adult-announcements/article/80847-season-of-the-witch-mind-body-spirit-books.html.

Godfinder. "Symbolism and Natural History of the Sacred Trees." Accessed April 5, 2020. http://www.godfinder.org/sacred-tree.html.

Grasse, Ray. *The Waking Dream: Unlocking the Symbolic Language of Our Lives*. Wheaton: Quest Books, 1996.

Greene, Heather. *Bell, Book, and Camera: A Critical History of Witches in American Film and Television*. Jefferson: McFarland & Company, 2018.

Greer, John Michael. *The Occult Book: A Chronological Journey from Alchemy to Wicca.* New York: Sterling, 2017.

Grimassi, Raven. "The Craft of the Witches." Llewellyn. Published September 1, 2002. Accessed April 28, 2020. https://www.llewellyn.com/journal/article/423.

Grimassi, Raven. *What We Knew in the Night: Reawakening the Heart of Witchcraft.* Newburyport: Red Wheel, 2019.

Grundy, Benjamin. "New Study Confirms Maori Legend of Giant Eagle." Mysterious Universe. Published September 15, 2009. Accessed November 25, 2019. https://mysteriousuniverse.org/2009/09/new-study-confirms-maori-legend-of-giant-eagle/.

Guggenheim, Bill and Judy. *Hello From Heaven: A New Field of Research—After-Death-Communication—Confirms that Life and Love are Eternal.* New York: Bantam, 1997.

Hall, Judy. *Principles of Psychic Protection.* New York: Thorsons, 1999.

Hamer, Ashley. "Here's Why Smells Trigger Such Vivid Memories." Curiosity.com. Published January 31, 2018.Accessed December 28, 2019. https://curiosity.com/topics/heres-why-smells-trigger-such-vivid-memories-curiosity/.

Hamilton, Edith. *Mythology: Timeless Tales of Gods and Heroes.* New York: Mentor Books, 1940.

Hamilton, Virginia. *In the Beginning: Creation Stories from Around the World.* New York: Harcourt, Inc., 1988.

Handwerk, Brian. "From St. Nicholas to Santa Claus: The Surprising Origins of Kris Kringle." *National Geographic.* Published December 25, 2018. Accessed October 23, 2019.https://www.nationalgeographic.com/news/2018/12/131219-santa-claus-origin-history-christmas-facts-st-nicholas/.

Harlowe, George E., and Anna S. Sofianides. *Gems and Crystals From One of the World's Greatest Collections.* New York: Sterling Signature, 2015.

Theoi. "Harpyiai." Theoi.com. Accessed April 20, 2020. https://www.theoi.com/Pontios/Harpyiai.html.

Hewitt, J.F. *History and Chronology of the Myth-Making Age*. London: J. Parker and Co., 1901.

Hopman, Ellen Evert. *A Druid's Herbal for the Sacred Earth Year.* New York: Simon and Schuster, 1994.

Hull, Emily. "Graduation Ceremony Traditions and History." *CNY News*, June 19, 2013. Accessed May 8, 2020. https://cnynews.com/graduation-ceremony-traditions-and-history/.

Hunter, Devin. *The Witch's Book of Spirits.* Woodbury: Llewellyn Publications, 2017.

IPCC (Intergovernmental Panel on Climate Change). *Climate Change 2014: Synthesis Report. Contribution of Working Groups I, II and III to the Fifth Assessment Report of the Intergovernmental Panel on Climate Change* [Core Writing Team, R.K. Pachauri and L.A. Meyer (eds.)]. IPCC, Geneva, Switzerland, 151 pp., 2014.

Jones, David E. *An Instinct for Dragons.* Milton Park: Routledge, 2016.

Kelden. *The Crooked Path: An Introduction to Traditional Witchcraft.* Woodbury: Llewellyn Publications, 2020.

Kinkele, Thomas. *Incense and Incense Rituals.* Twin Lakes: Lotus Press, 2005.

Koehler, Julie and Claudia Schwabe. "Fairy Tales and Folktales." Last modified February 22, 2018. Accessed March 21, 2020. https://www.oxfordbibliographies.com/view/document/obo-9780199791231/obo-9780199791231-0195.xml.

Kynes, Sandra. *Llewellyn's Complete Book of Correspondences: A Comprehensive & Cross-Referenced Resource for Pagans & Wiccans.* Woodbury: Llewellyn Publications, 2013.

Lagay, Faith, PhD. "The Legacy of Humoral Medicine." *AMA Journal of Ethics: Illuminating the Art of Medicine.* Published July 2002. Accessed December 7, 2019. https://journalofethics.ama-assn.org/article/legacy-humoral-medicine/2002-07

Leonora, Inga. "Quarters, Elements, & the Problem of Direction." Australis Incognita—Old Craft in Australia. Posted September 1, 2014, accessed December 7, 2019.https://australisincognita.wordpress.com/2014/09/01/quarters-elements-the-problem-of-direction/

Lévi, Éliphas. *The Paradoxes of the Highest Science.* Second ed. Translator unknown. Pomeroy: Health Research Books, 1996.

Lewis, James R. *Witchcraft Today: An Encyclopedia of Wiccan and Neopagan Traditions.* Santa Barbara: ABC-CLIO Inc., 1999.

Livingstone, David. *The Dying God: The Hidden History of Western Civilization*. Bloomington: IUniversc, 2002.

MacLir, Algerian Gwydion. *The Witch's Wand: The Craft, Lore, and Magick of Wands and Staffs.* Woodbury: Llewellyn Publications, 2015.

Malamut, Melissa. "Witch Population Doubles as Millennials Cast Off Christianity." *New York Post*. Published November 20, 2018, accessed December 28, 2019. https://nypost.com/2018/11/20/witch-population-doubles-as-millennials-cast-off-christianity/.

Mankey, Jason. *Transformative Witchcraft: The Greater Mysteries.* Woodbury: Llewellyn Publications, 2019.

Mankey, Jason. *The Witch's Wheel of the Year: Rituals for Circles, Solitaries, and Covens.* Woodbury: Llewellyn Publications, 2019.

Melville, Francis. *The Book of Faeries: A Guide to the World of Elves, Pixies, Goblins, and Other Magic Spirits.* Hong Kong: Regent Publishing Services Ltd., 2002.

Sthorpe11. "Mercuralia—Festival of Mercury." *Creating History.* Published May 14, 2013. Accessed May 1, 2020. http://www.creatinghistory.com/mercuralia-festival-of-mercury/

Meredith, Jane, and Gede Parma. *Elements of Magic: Reclaiming Earth Air, Fire, Water, and Spirit.* Woodbury, Llewellyn Publications, 2018.

Morita, Kiyoko. *The Book of Incense: Enjoying the Traditional Art of Japanese Scents.* Tokyo: Kodansha International, 2006.

Mynott, Jeremy. *Birds in the Ancient World: Winged Wonders.* Oxford: Oxford University Press, 2018.

Napoli, Donna Jo. *Treasury of Norse Mythology: Stories of Intrigue, Trickery, Love, and Revenge.* Washington DC: National Geographic, 2015.

Nigg, Joseph. *The Book of Dragons and Other Mythical Beasts.* New York: Quarto, 2002.

Nigg, Joseph. *The Book of Fabulous Beasts: A Treasury of Writings from Ancient Times to the Present.* New York: Oxford University Press, 1999.

Online Etymology Dictionary. "Daimon." Accessed 12.28.19. https://www.etymonline.com/word/daimon.

Online Etymology Dictionary. "Demon." Accessed 12.28.19. https://www.etymonline.com/word/demon.

Page, Sophie. "Medieval Magic." In *The Oxford Illustrated History of Witchcraft & Magic,* edited by Owen Davies, 29-64. Oxford: Oxford University Press, 2017.

Parma, Gede. *Spirited: Taking Paganism Beyond the Circle.* Woodbury: Llewellyn Publications, 2009.

Perrone, Bobette, H. Henrietta Stockel, and Victoria Krueger. *Medicine Women, Curanderas, and Women Doctors.* Norman: University of Oklahoma Press, 1989.

Peoples, Hervey C., Pavel Duda, and Frank W. Marlowe. "Hunter-Gatherers and the Origins of Religion." *Human Nature (Hawthorne, N.Y.)* vol. 27,3 (2016): 261-82.

Phillips, Barty. *The Book of Herbs: An Illustrated A-Z of the World's Most Popular Culinary and Medicinal Plants.* Springville: Hobble Creek Press, 2006.

Pollio, Marcus Vitruvius, trans. by Joseph Gwilt. *The Architecture of M. Vitruvius Pollio in Ten Books.* London: The British Library, 1823.

Quinlan, Ginger. *Scents of the Soul: Creating Herbal Incense for Body, Mind, and Spirit.* Forres: Findhorn Press, 2009.

Rankine, David, and Sorita D'Este. *Practical Elemental Magick: A Guide to the Four Elements (Air, Fire, Water, and Earth) in the Western Esoteric Tradition.* Glastonbury: Avalonia, 2008.

Renfrew, Colin. *Prehistory: The Making of the Human Mind.* New York: Modern Library, 2008.

Rogo, D. Scott. *Leaving the Body: A Complete Guide to Astral Projection.* New York: Fireside, 1983.

Roth, Harold. *The Witching Herbs: 13 Essential Plants and Herbs for Your Magical Garden.* Newburyport: Red Wheel, 2017.

Russell, Jeffrey Burton. *Witchcraft in the Middle Ages.* Ithaca: Cornell University Press, 1972.

Schalen, Leonard. *The Alphabet Versus the Goddess: The Conflict Between Word and Image.* London: Penguin, 1999.

Schumann, Walter. *Gemstones of the World.* Fifth Edition, revised. Sterling: New York, 2013.

Shuker, Dr. Karl. *Dragons: A Natural History.* New York: Simon and Schuster, 1995.

Siculus, Diodorus. *Library of History, Book IV*. University of Chicago. Accessed September 9, 2019.http://penelope.uchicago.edu/Thayer/E/Roman/Texts/Diodorus_Siculus/4C*.html.

Smith, Ryan. *The Way of Fire and Ice: The Living Tradition of Norse Paganism.* Woodbury: Llewellyn Publications, 2019.

Smith, Steven R. *Wylundt's Book of Incense.* Newburyport: Weiser Books, 1996.

Spencer, Ezzie. *Lunar Abundance: Cultivating Joy, Peace, and Purpose Using the Phases of the Moon*. Philadelphia: Running Press Adult, 2018.

Sperlin, Ottis Bedney. *Studies in English-World Literature*. New York: Century Company, 1923.

Stone, Merlin. *When God Was A Woman.* New York: Harcourt Brace & Company, 1976.

Toll, Maia. *The Illustrated Herbiary: Guidance and Rituals from 36 Bewitching Botanicals.* North Adams: Storey Publishing, 2018.

Voltmer, Rita. "The Witch Trials." In *The Oxford Illustrated History of Witchcraft & Magic*, edited by Owen Davies, 97-133. Oxford: Oxford University Press, 2017.

Webster, Richard. *Llewellyn's Complete Book of Divination: Your Definitive Source for Learning Predictive and Prophetic Techniques.* Woodbury: Llewellyn Publications, 2017.

Weigle, Martha. *Spiders & Spinsters: Women and Mythology.* Albuquerque: University of New Mexico Press, 1982.

White, T.H. *The Book of Beasts: Being a Translation from a Latin Bestiary of the Twelfth Century*. New York: Dover Publications, 1984.

Whitehurst, Tess. *The Magic of Flowers: A Guide to their Metaphysical Uses and Properties.* Woodbury: Llewellyn Publications, 2013.

Wilkinson, Toby. *The Rise and Fall of Ancient Egyp*t. London: A&C Black, 2011.

Williamson, Cecil. "468—Print." Museum of Witchcraft and Magic. Accessed September 9, 2019. https://museumofwitchcraftandmagic.co.uk/object/print-5/.

Willoughby, Jean. *Nature's Remedies: An Illustrated Guide to Healing Herbs.* San Francisco: Chronicle Books LLC, 2016.

Zagami, Leo Lyon. *The Invisible Master: Secret Chiefs, Unknown Superiors, and the Puppet Masters Who Pull the Strings of Occult Power from the Alien World.* San Francisco: CCC Publishing, 2018.

Zakroff, Laura Tempest. *Sigil Witchery: A Guide To Crafting Magick Symbols.* Woodbury: Llewellyn Publications, 2018.

國家圖書館出版品預行編目（CIP）資料

風系魔法【自然元素魔法系列 2】：關於智慧、溝通、改變的魔法 / 艾絲翠．泰勒（Astrea Taylor）著；非語譯．-- 初版．-- 臺北市：橡實文化出版：大雁出版基地發行，2022.04
面； 公分
譯自：Air magic
ISBN 978-626-7085-19-6（平裝）

1.CST：巫術 2.CST：靈修

295 111002325

BC1107

風系魔法【自然元素魔法系列 2】：關於智慧、溝通、改變的魔法

Air Magic: Elements of Witchcraft Book 2

本書內容僅供個人療癒輔助參考之用，無法取代正統醫學療程或專業醫師之建議與診斷。如果您對健康狀況有所疑慮，請諮詢專業醫事者的協助。

作　　者　艾絲翠．泰勒（Astrea Taylor）
譯　　者　非語
責任編輯　田哲榮
協力編輯　朗慧
封面設計　斐類設計
內頁構成　歐陽碧智
校　　對　吳小微

發 行 人　蘇拾平
總 編 輯　于芝峰
副總編輯　田哲榮
業務發行　王綬晨、邱紹溢、劉文雅
行銷企劃　陳詩婷
出　　版　橡實文化 ACORN Publishing
地址：231030 新北市新店區北新路三段 207-3 號 5 樓
電話：(02) 8913-1005　傳眞：(02) 8913-1056
網址：www.acornbooks.com.tw
E-mail 信箱：acorn@andbooks.com.tw
發　　行　大雁出版基地
地址：231030 新北市新店區北新路三段 207-3 號 5 樓
電話：(02) 8913-1005　傳眞：(02) 8913-1056
讀者服務信箱：andbooks@andbooks.com.tw
劃撥帳號：19983379　戶名：大雁文化事業股份有限公司

印　　刷　中原造像股份有限公司
初版一刷　2022 年 4 月
初版二刷　2023 年 12 月
定　　價　480 元
I S B N　978-626-7085-19-6